CÓMO HACE
HOME OFFICE
LA GENTE EXITOSA

Laura Vanderkam

CÓMO HACE HOME OFFICE LA GENTE EXITOSA

Estrategias para balancear tu vida y hacer que el trabajo en casa funcione a tu favor

AGUILAR

Cómo hace home office la gente exitosa

Estrategias para balancear tu vida y hacer que el trabajo en casa funcione a tu favor

Título original: *The New Corner Office*

Primera edición: noviembre, 2020

D. R. © 2020, Laura Vanderkam

D. R. © 2020, derechos de edición mundiales en lengua castellana:
Penguin Random House Grupo Editorial, S. A. de C. V.
Blvd. Miguel de Cervantes Saavedra núm. 301, 1er piso,
colonia Granada, alcaldía Miguel Hidalgo, C. P. 11520,
Ciudad de México

www.megustaleer.mx

D. R. © Penguin Random House / Amalia Ángeles, por el diseño de cubierta
D. R. © iStock, por la ilustración de portada
D. R. © Michael Falco, por la fotografía de la autora
D. R. © Alejandra Ramos, por la traducción

ISBN: 978-607-319-830-1

Impreso en México – *Printed in Mexico*

El papel utilizado para la impresión de este libro ha sido fabricado a partir de madera procedente
de bosques y plantaciones gestionadas con los más altos estándares ambientales, garantizando
una explotación de los recursos sostenible con el medio ambiente y beneficiosa para las personas.

Penguin
Random House
Grupo Editorial

Índice

Introducción

El jueves 12 de marzo de 2020 mi hijo de 12 años se despertó a las 6:45 a.m. y se preparó para su práctica coral de las 7:20 a.m. Mi esposo se alistó para el trabajo, llevó en su coche a nuestro hijo a la primaria y después abordó el tren. Yo me quedé algunos minutos leyendo afuera antes de empezar a supervisar las rutinas matinales de nuestros otros cuatro hijos. Aproximadamente a las 9:00 a.m., cuando ya todo mundo estaba en la escuela o en manos de nuestra extraordinaria niñera, me instalé como de costumbre en mi oficina: un agradable espacio en la esquina noroeste de nuestra casa en el este de Pensilvania, desde donde puedo ver florecer mis arbustos de campanita china en el jardín. Esa mañana trabajé en mi podcast y en mis proyectos de escritura, pero las noticias se tornaron sombrías rápidamente. Los casos del nuevo coronavirus que ocupaba los encabezados de los periódicos seguían registrándose en todo Estados Unidos. Esa tarde el gobernador ordenó que se cerraran las escuelas por un periodo que terminó extendiéndose hasta el final del semestre. Para cuando mi esposo bajó del tren se había convertido, como yo y como millones de personas más, en un empleado virtual de tiempo completo que tendría que mudarse de un edificio en el centro de la ciudad a una nueva ubicación de lujo: su oficina personal en la habitación del sureste de la casa.

Yo me gano la vida analizando la gestión del tiempo. En una situación normal, mi trabajo implica reunirme con grupos corporativos y de otros tipos y ofrecerles conferencias sobre productividad; y escribir libros con base en el análisis que he hecho de miles de bitácoras personales en los últimos 12 años. Gracias a este análisis he descubierto que trabajar desde casa es cada vez más común, tanto para los autoempleados como para quienes trabajan para alguien más. De acuerdo con un estudio realizado por FlexJobs y Global Workplace Analytics, entre 2005 y 2017 hubo un incremento de 159% en lo que se conoce como trabajo remoto, a distancia, teletrabajo o *home office*. Sin embargo, como las fronteras entre la oficina y el hogar no son muy claras, es difícil descifrar la información de las estadísticas. Técnicamente, cualquier persona que revise desde su cama el correo de la empresa a las 10:00 p.m. está teletrabajando, incluso si ella misma no lo definiera de esta forma.

Hasta antes de marzo de 2020, trabajar desde casa en horarios de oficina seguía percibiéndose como una elección cuestionable para cualquier persona en verdad ambiciosa. Los privilegios corporativos del trabajo desde casa eran principalmente un beneficio del que sólo se podía gozar una vez a la semana, y que sólo se les asignaba a las personas que necesitaban un mayor equilibrio entre su vida y su trabajo y que habían demostrado ser dignas de confianza. E incluso en esos casos, esta concesión solía reservarse para los viernes. Todos sabemos que el viernes es el día menos productivo de la semana, y como antes se daba por hecho que cualquier persona que hiciera home office ese día en realidad no estaba trabajando, lo mejor era minimizar el coste de oportunidad. Por supuesto, las videoconferencias habían mejorado mucho desde los burdos *webinarios* del pasado y las organizaciones lamentaban de vez en cuándo el impacto ambiental de transportarse diariamente al trabajo… justo antes de enviar a sus directores ejecutivos a Davos en aviones privados. Pero el hecho de que muchos directores dieran por sentado que el trabajo tenía que realizarse durante tiempos establecidos y en un edificio de oficinas con heladas temperaturas fijas de 20 grados centígrados obligaba a millones de personas a enfrentar el tráfico sólo para enviar correos electrónicos y llamar por teléfono a gente en otros lugares. Recuerdo una conversación con un líder de negocios que estaba explorando el trabajo a distancia como una nueva tendencia de la que su organización necesitaba ponerse al tanto, "pero es algo —señaló— que nunca funcionaría para nosotros".

Luego la epidemia de covid-19 se extendió por Estados Unidos y Europa. En cuestión de días las personas aprendieron que toda su organización podía operar a distancia (incluyendo la del líder empresarial). Según encuestas de Gallup, para entre el 13 y 15 de marzo de 2020 sólo 31% de los trabajadores estadounidenses había laborado a distancia; y para entre el 30 de marzo y el 2 de abril la cifra aumentó a 62%, es decir, se duplicó.

La gente se vio forzada a averiguarlo, y así descubrió que, de hecho, sí era posible proponerle a un cliente un negocio de un millón de dólares a través de Zoom. Muchas visitas médicas de rutina se empezaron a realizar a través de la *telemedicina*, lo cual hizo que varios se preguntaran por qué habían pasado horas sentados en salas de espera repletas de gérmenes. Ahora se podía trabajar de cerca e incluso reír y compartir momentos con gente que no estaba en el mismo estado que tú. De pronto, quienes comenzaron a hacer malabares con el trabajo y la educación en casa o el cuidado de los niños descubrieron que, aunque no era sencillo de ninguna manera, si planeaban con cuidado, podían trabajar a diversas horas y cumplir con las tareas laborales de todas formas. Si no podemos escribir una propuesta el martes a las 10:00 a.m., tal vez podamos escribirla el martes a las 6:00 a.m., luego presentarla mientras nuestra pareja nos cubre, y brindar por su aceptación durante la siesta de los niños. Cuando la vida cotidiana empezó a restablecerse lentamente, muy pocas personas pudieron argumentar que el home office "no les funcionaría", porque sí ha funcionado.

La gente siempre retoma sus antiguos hábitos. ¿Cómo se sintió la primera visita a una cafetería después de la cuarentena? Como una manera de celebrar la interacción humana. En la segunda, la gente evita el contacto visual con el barista como de costumbre, pero algunas cosas han cambiado. Tal vez tú también formas parte de los millones de personas que trabajaron desde casa por primera vez durante la cuarentena por el covid-19. Quizá ya no te veas abrochándote el cinturón de seguridad y preparándote para pasar 10 horas a la semana transportándote a la oficina. Es posible que antes pasaras la semana visitando a tus clientes en sus oficinas centrales, pero ahora ellos tampoco quieren enfrentar el tráfico. En abril, Gallup descubrió que 59% de las personas que trabajaron desde casa durante la pandemia quería seguir haciéndolo. Probablemente ahora quieras explorar nuevas maneras de trabajar que se enfoquen más en ti, y en las que la ubicación y las horas no sean tan inflexibles como antes.

Si ése es el caso, este libro es para ti.

Si, al igual que yo, desde hace varios años tienes un pequeño negocio, o si has estado dirigiendo un equipo cuyos integrantes trabajan desde distintas ubicaciones, también este libro es para ti.

De hecho, es para cualquier persona que desee aprovechar lo que esta gran agitación nos ha dado: la oportunidad de pensar en el tiempo y en la vida de una nueva manera. Cuando vieron lo que era posible hacer, los líderes más inteligentes comenzaron a reconocer que estructurar el trabajo para que sea más flexible en términos de tiempo y ubicación *no* tiene que ver con el equilibrio entre el trabajo y la vida. Los profesionales más avezados empiezan a admitir que el trabajo a distancia y las formas más flexibles de laborar pueden representar ventajas estratégicas enormes para quienes se atrevan a aprovecharlos. Las organizaciones son más ágiles, y la gente se siente más feliz y sana. Trabajar frente a frente es genial, pero como en todo, hay que tomar en cuenta los rendimientos decrecientes. Para muchos tipos de trabajo, este punto se encuentra muy por debajo de la antigua expectativa de que los empleados pasen 40 horas en un cubículo. Ahora que muchos más trabajamos desde casa, los resultados importan más que el lugar y el momento en que se realiza el trabajo.

En este libro compartiré estrategias de personas sumamente exitosas que ya están prosperando en este novedoso mundo. Hablaremos sobre cómo:

Organizar con base en las tareas, no en el tiempo. El tiempo es un concepto increíblemente útil, pero estructurar el trabajo de una manera distinta puede suponer mayores avances en la eficiencia.

Encontrar el ritmo correcto. La jornada laboral bien planeada garantiza un progreso desafiante pero sostenible.

Formar tu equipo. Quienes teletrabajan pueden formar una red de trabajo más eficaz que quienes se sientan juntos en el mismo cubículo cinco días a la semana.

Pensar en grande. Las opciones de trabajar de una manera flexible y a distancia, y avanzar en tus ambiciones profesionales a largo plazo, no se contradicen de ninguna forma.

Optimizar el bienestar. Trabajar desde casa por lo menos algunos días a la semana puede ayudarle a la gente a conservar la energía necesaria para triunfar en este competitivo mundo.

En todas las secciones encontrarás consejos prácticos que podrás aplicar de inmediato. Si por lo menos ocasionalmente exclamas: "¡No lo había pensado de esa manera!", sabré que cumplí con mi trabajo. Mi objetivo es motivarte para que te hagas cargo de tu jornada y tu vida laboral, y para que obtengas resultados que con la antigua forma de operar no habrían sido posibles.

En mis conversaciones con personas altamente productivas descubrí que quienes parecen generar tiempo como por arte de magia no se apegan a nociones rígidas sobre la manera en que deberíamos usar las 168 horas de la semana. Estas personas organizan su jornada laboral para abordar el trabajo más importante cuando se encuentran más frescas. Los martes se reúnen con sus cónyuges para comer. Invitan a antiguos colegas a correr a las 6:00 a.m. y terminan planeando nuevos negocios al mismo tiempo que hacen un poco de ejercicio. Luego, en la tarde, regresan a casa o ponen en pausa el trabajo para cenar con la familia y, a veces, continúan trabajando en la construcción de su imperio por la noche, cuando los niños ya se fueron a dormir. Son gente que trabaja en distintos lugares, pero que sabe que tener nuevas ideas y administrar la energía es igual de importante que las nociones tradicionales respecto al equilibrio.

A veces, los empleos de estas personas son flexibles por naturaleza. Si eres quien dirige el negocio, la reunión se lleva a cabo cuando tú quieres. En otros casos, la gente sólo trabaja como desea hacerlo y se da cuenta de que es más fácil pedir perdón que pedir permiso.

Con la agitación que hay ahora en todos lados, mucha más gente se ha empoderado y puede elegir su manera de trabajo, pero no es fácil. En este libro describiré los muchos desafíos que representa trabajar desde casa, pero no hablaré de lo que generalmente damos por hecho. Los profesionales de alto desempeño no se ponen a ver Netflix todo el día sólo porque pueden. Los mayores problemas del home office surgen porque la gente no sabe en qué momento dejar de trabajar, o se estanca y no sabe qué hacer si su jefe no está en la oficina de junto, o porque los directores establecen metas poco claras. Independientemente de si trabajas para ti mismo o para alguien más, dirigir el trabajo personal para funcionar a distancia no es algo fácil. Sin embargo, si tenemos presentes dos principios a los que regresaremos con frecuencia a lo largo del libro, verás que trabajar desde casa es posible.

En primer lugar, **trabajar desde casa es una habilidad**. La gente puede aprender a hacerlo de la misma manera en que puede aprender a hablar francés o a jugar basquetbol. Es reconfortante saber que, como sucede con la mayoría de las habilidades que se aprenden, la gente puede tener pésimos resultados el primer día, pero mejorar con el tiempo. La primavera de 2020 fue una especie de curso relámpago con muchas reuniones de Zoom fallidas en las que la gente hablaba al mismo tiempo. En medio de la crisis, muchos aprovecharon la tecnología moderna para reproducir lo que pudieron de los ambientes laborales que tuvieron que abandonar en esa oscura semana de mediados de marzo. Todo esto resulta lógico e iluminador: ¡hay muchas cosas que *pueden* reproducirse!

A partir de ahí surge el deseo de adoptar el segundo principio: **No reproduzcas, innova**. Este libro es un manual para pasar a esta fase más madura: de lo que inició en marzo, a una visión más razonada de lo que puede ser el teletrabajo. Trabajar desde casa no implica necesariamente arreglárselas como uno pueda, soportar la situación y contar los días hasta que todo el mundo pueda regresar a la oficina. Si lo conjugamos con el trabajo presencial, se puede convertir en una ventaja estratégica. En tu nueva oficina las ideas son más importantes que nunca. Pero ¿y los zapatos? Son opcionales. Este libro es sobre la manera en que la gente exitosa prospera al mismo tiempo que trabaja a distancia, y sobre cómo tú también podrás hacerlo gracias a sus consejos.

Organiza con base en las tareas, no en el tiempo

En 2008, cuando Meredith Monday Schwartz asumió la dirección de Here Comes the Guide, una empresa californiana que les ayuda a las parejas a encontrar el lugar perfecto para su boda, todavía contaban con instalaciones físicas. Sin embargo, Meredith, que había trabajado en la empresa desde 1997, se hizo de una mascota poco después. La directora llevaba varias semanas laborando desde casa para organizar el cuidado de su cachorro cuando tuvo una revelación: "Estaba logrando mucho más", explica, a pesar de que tenía que lidiar con la mascota y con sus tres hijos que estaban en casa en aquel tiempo. "Sentí que trabajar de esa forma era mucho más natural." Meredith apreció la capacidad de enfocarse y de trabajar a un ritmo más conveniente: en la mañana trabajaba durante una hora antes de hacer cualquier otra cosa; echaba a andar las labores de la casa sin perder tiempo en transportarse a la oficina; y luego alternaba un bloque de tiempo de concentración solitaria con un bloque de interacción con sus compañeros de trabajo. Por alguna razón, imaginó que sus empleados también estarían más felices y serían más productivos trabajando desde casa.

Por todo esto, durante el periodo que Meredith se desempeñó como directora ejecutiva, la empresa emprendió una "larga marcha" hacia el home office. La gente empezó a trabajar un día desde su hogar, luego dos. Los empleados dejaron la oficina, pero continuaron contratados, y en noviembre de 2016 Meredith apagó por última vez las luces de sus instalaciones físicas en Berkeley.

El equipo, conformado actualmente por 24 personas, se reúne dos veces al año para hacer retiros, pero casi todo el trabajo cotidiano, que consiste en contactar a los posibles lugares para las bodas y en generar contenidos, se hace desde casa. Es por esto que Meredith, que ahora vive en Austin, ha tenido que pensar en la manera de hacer crecer la empresa sin las típicas garantías de los aspectos visuales o temporales que le hacen pensar a la gente que se está llevando a cabo un gran trabajo, como, por ejemplo, tener a los empleados sentados en sus escritorios de 9:00 a.m. a 5:00 p.m., con cara de que están muy atareados.

"Yo organizo más con base en las tareas que en el tiempo —explica Meredith—. '¿Qué resultado buscamos obtener aquí?' es una pregunta que me hago un millón de veces al día. Es la estrella que me guía." Y con los empleados, "me pregunto: '¿Qué tarea necesito verificar que hagan cada día? ¿Qué resultado busco con esas tareas? ¿Cómo se verán las cosas si tenemos éxito?' No quiero que estén trabajando ocho horas como robots sólo para que puedan cobrarle a la empresa ese tiempo". Este problema es particularmente delicado ahora que la industria de la organización de bodas enfrenta una crisis de cancelaciones propiciada por el covid-19. Hacer llamadas repetitivas de ventas durante ocho horas diarias no sólo no tiene sentido, también resulta de mal gusto.

Por todo esto, Meredith considera que su trabajo consiste en asegurarse de que todos conozcan el porqué de sus tareas, que intuyan cómo luce el éxito en medio de una economía desoladora, y en que sepan que están formando relaciones con socios en un punto económico bajo que durará mientras la industria no repunte. Meredith les ayuda a sus empleados a establecer sus metas diarias, tanto para contactar a los lugares como para encontrar maneras de servir, lo cual tal vez implique que tengan que escuchar con paciencia y amabilidad al dueño de algún salón de bodas que está desconsolado porque ha tenido que despedir gente. "Es muy atemorizante —explica la directora—. Lo único que podemos controlar es el nivel de acercamiento que tenemos con las personas." Al final de la jornada, los empleados le reportan las tareas que han realizado siguiendo la estrella guía. Permanecer sentado frente a un escritorio durante ocho horas no forma parte de este proceso, aunque Meredith ha descubierto con alegría que tenía razón respecto al home office: los empleados a quienes se les tiene confianza y se les da autonomía marcharán alegres hacia el objetivo. En los días soleados la marcha es ágil. En los días de tormenta el paso es más lento, pero la gente continúa avanzando. Por cierto, el índice de reemplazo de empleados de Here Comes the Guide es prácticamente de cero.

Me parece que con su enfoque en las tareas y no en el tiempo, Meredith está haciendo las cosas de una manera sabia porque se está dejando guiar por una noción transformadora tanto para dirigir a otros, como para organizar el trabajo personal cotidiano. Desde que yo empecé a trabajar en mi propia "nueva oficina" —en realidad era el extremo de la mesa de la cocina en un diminuto departamento sin lavatrastes ni clóset en la recámara, en la ciudad de Nueva York— he tratado de descifrar las distintas maneras de organizar las actividades laborales. Me había mudado al este de Manhattan en el otoño de 2002 con la vaga esperanza de conseguir un trabajo en algún periódico o revista, y mientras tanto empecé a trabajar por mi cuenta. Aunque no extrañaba la hora que solía pasar transportándome a la oficina, la repentina libertad de manejar yo misma mi tiempo me desorientó. Acepté un empleo de medio tiempo porque me proveía una estructura, pero resulté malísima para el trabajo en cuestión y tuve que arreglármelas para organizar mi horario. Empecé a analizar simultáneamente el uso de mi tiempo y el de otras personas, y con el paso de las décadas mi fascinación se convirtió en una vocación.

El tiempo es un concepto increíblemente útil. Como vivimos en horas, cualquier cosa que hagamos con la vida será una función de la manera en que las aprovechemos. Existe una fuerte relación entre el tiempo que le dedicamos a algo y cuánto logramos hacer.

Sin embargo, el tiempo no es el único indicador de productividad y, desafortunadamente, en cuanto empiezas a estudiar el modo en que operan los lugares de trabajo que parecen progresistas y la forma en que la gente mide su propia productividad, te das cuenta de que buena parte de las tareas continúan organizándose con base en el tiempo. Esto sucede por razones obvias como las horas facturables, y en otras maneras menos evidentes como los puntos adicionales que la gente cree ganar por responder los correos electrónicos de inmediato. Sin embargo, planear así implica un enorme desperdicio de tiempo, dinero y muchos recursos más.

Por ejemplo, ¿por qué las reuniones duran media hora o una hora? ¿Todos los encuentros humanos logran su propósito en bloques de precisamente media o una hora? Por supuesto que no, pero en la gran mayoría de las juntas los organizadores no planean una agenda concisa que tome en cuenta la energía y la atención de todos los presentes. Por eso eligen la única opción y las organizan con base en el tiempo. En las empresas en las que hay una sólida cultura del tiempo invertido en las reuniones, el hecho de que alguien salga a caminar media hora en medio de la jornada laboral lo hace parecer poco ambicioso a pesar de que hay bastantes evidencias de que una caminata puede propiciar una tarde más productiva que pasar ese mismo tiempo deshaciéndose de correos electrónicos innecesarios. Incluso las personas que trabajamos por nuestra cuenta podemos caer en esta forma de pensar. ¿Estoy sentada frente a mi escritorio porque estoy dando ciertos pasos encaminados a mis metas profesionales o porque eso es lo que hace la gente responsable a las 4:00 p.m.? Si imaginamos que tenemos que llenar nuestras horas, es fácil hacerlo.Sin embargo, lograr lo posible trabajando desde casa implica deshacerse de este hábito, tanto en la manera en la que dirigimos a otros como en la que nos organizamos nosotros mismos. Ahora que las empresas se han visto forzadas a poner a prueba el trabajo a distancia, la tendencia inicial ha sido reproducir en todos los casos lo que ya conocíamos. Pero mientras no sea legalmente obligatorio pagarle a la gente con base en las horas documentadas, este enfoque temporal en el que la jornada consiste en cierto número de horas y no en lograr los pasos prescritos para cumplir las metas de la empresa nos hará perder oportunidades. Como Meredith lo descubrió, organizar con base en las tareas y en los logros les permite a las personas aprovechar los beneficios de la eficiencia y trabajar del modo en que mejor lo hacen, pero es un desafío. "Sin duda hay un proceso de aprendizaje. Ahora manejo las situaciones mejor que cuando comenzamos", explica. Meredith eligió intentarlo, pero otros se vieron obligados a implementar los cambios debido al covid-19. Ahora tienes que planear mucho mejor e incluso tomar en cuenta tareas no concluyentes que te gustaría considerar, pero sobre las que también necesitarías que los otros reflexionarán. Finalmente, organizarte a ti mismo y a otros de esta manera le da a la gente la satisfacción de avanzar en su trabajo porque en lugar de pasar horas sentada frente al escritorio, puede tener una jornada de trabajo eficiente, y eso suele motivarla a hacer más.

Para que la transición a un enfoque en los resultados te sea más sencilla, a continuación te diré cómo planear tus semanas y tus días, y cómo reflexionar sobre la forma en que utilizas las horas de trabajo.

PLANEA LOS VIERNES

Cualquier persona que trabaje desde casa necesitará organizarse a sí misma. Aunque esto evidentemente sucede cuando administras tu propia empresa, también aplica si trabajas para alguien más. Ya no estarás tan sometido a las normas grupales evidentes, ahora tendrás que organizarte tú mismo en gran medida, y si vas a hacerlo con base en las tareas y no en el tiempo, tendrás que ser claro respecto a cuáles deberás cumplir. Esta forma de organización exige salir de tu propio flujo de trabajo por algunos minutos y preguntarte qué es lo que deberías hacer con tu tiempo y tu atención. ¿Qué tareas necesitarás hacer de inmediato y qué pasos deberás dar para cumplir metas más ambiciosas? Más adelante hablaremos sobre cómo establecer este tipo de metas, pero en esta sección nos enfocaremos en detectar cuáles tareas tendrás que realizar durante un día normal de trabajo.

La clave es diseñar una agenda semanal bien delineada porque lo usual es que nuestros programas se repitan de forma semanal, no diaria. Además, esta visión es ligeramente más amplia y te permite administrar las tareas personales y profesionales con cierta sensación de abundancia. No todo lo importante lo tienes que hacer para mañana. Esta agenda semanal bien delineada te da la oportunidad de hacer una pausa, reflexionar y preguntarte de qué manera te gustaría usar las próximas 168 horas. Lo ideal es planear las semanas antes de llegar a ellas, por eso yo organizo las mías los viernes.

Desde que desarrollé este hábito hace algunos años, me convertí en defensora de los viernes de planeación, pero naturalmente, cualquier planeación semanal bien diseñada puede funcionar. Los domingos por la noche y los lunes por la mañana, por ejemplo, son otras de las opciones populares, pero la tarde del viernes en particular tiene el beneficio de ser un tiempo con un bajo coste de oportunidad porque no estás haciendo gran cosa y porque, como todavía son horas laborales, puedes contactar a la gente y así proteger tu fin de semana. Además, te permite llegar al lunes preparado para comenzar, en lugar de tratar de planear el día justo en medio de todas las actividades matinales.

Esta técnica funciona así: las tardes de los viernes tómate algunos minutos para pensar en la semana que está por venir y haz una lista de tus prioridades para los siete días. A mí me gusta dividirlas en tres categorías: carrera, relaciones y asuntos personales. Algunas de estas tareas ya estarán en tu agenda o calendario porque las planeaste con anticipación, pero otras son cosas que te gustaría hacer para avanzar un poco en tus metas a largo plazo. Averigua en qué momento podrían llevarse a cabo y qué logística requerirías para hacerlas posibles. Si tienes empleados a tu cargo, puedes verificar con ellos sus metas laborales para la siguiente semana y guiarlos de forma adecuada. Si le reportas a alguien, podrías aumentar la probabilidad de que te organicen con base en las tareas y no en el tiempo. Es decir, puedes establecer metas realistas y compartirlas con tus superiores, metas que hagan que cualquier supervisor razonable diga: "Sí, sería genial si pudieras hacer esto durante la semana".

El viernes también es un momento excelente para revisar lo que ya está en tu agenda para la semana siguiente y para preguntarte si es necesario que todo se lleve a cabo. Quizá haya tareas que se puedan cancelar, minimizar o delegar. No te saltes este paso, en especial si tienes demasiado trabajo. Con unos cuantos minutos puedes ahorrarte horas.

Una vez que hayas diseñado un plan básico para la semana, regresa a ese programa todas las noches para pensar el día siguiente. ¿Cuáles tareas todavía necesitan realizarse? Observa si hay algo que tenga que hacerse en algún momento específico (llamadas/reuniones) y cualquier otra cosa que tenga que concluirse antes de que acabe el día. Esto te ayudará cuando empieces a hacer tus listas diarias de pendientes.

CÓMO HACER UNA LISTA DE PENDIENTES

Hace muchos años encontré un sistema de planeación que anunciaban con la supuesta lista diaria de pendientes de un usuario. Quien hizo la lista no sólo planeaba correr un maratón, también iba a viajar a todos los continentes, terminaría de escribir una disertación y prepararía una galleta con chispas de chocolate perfecta. Me pareció curioso que hubiera una lista diaria de pendientes así, porque realizar esas actividades tomaría más de 24 horas, sin embargo, este pecado de la imposibilidad es sumamente común.

"Cuando escribo mi lista, siempre tengo grandes sueños para ese día", confiesa Anne Bogel, fundadora del popular podcast *What should I Read Next?* y del sitio de internet y club de lectura The Modern Mrs. Darcy. Anne vive en Louisville y, según ella, "mis ojos son más grandes que mi estómago, tengo una inclinación natural a escribir listas de deseos en lugar de listas de pendientes". ¿Cuál es el problema con esto? Que una lista de deseos "no es buena para el ánimo".

Tal vez ya te has enfrentado a esta discordancia entre las ambiciones matutinas y la realidad de la tarde. Anne dirige un equipo de 12 personas a distancia y con el tiempo ha aprendido que una lista factible debe ser breve. Por lo general tiene tres prioridades y un proyecto importante en el que se enfoca durante seis u ocho semanas. "Lo veo como una rueda de la fortuna con tres elementos en la parte superior", explica.

Me parece que este objetivo de entre tres y cinco tareas es adecuado, y además me gusta la analogía de la rueda de la fortuna porque responde a la queja común respecto a las listas de pendientes: "¡Pero yo tengo más de tres o cinco cosas que hacer en la vida!". Por supuesto que sí, pero sólo eliges unas cuantas diariamente, y la rueda de la fortuna sigue dando vueltas hasta que, en algún momento, terminas todas. Si tu objetivo es colocar todo en la cima de la rueda al mismo tiempo, nadie querrá subirse.

Lo ideal es que tu lista de pendientes sea suficientemente breve para que pueda convertirse en un contrato contigo mismo. Una vez que escribes una tarea en la lista, te estás prometiendo y garantizando que la realizarás antes de que termine el día. Dado que la vida no siempre resulta como la planeamos, es necesario que nuestras listas sean breves, y conste que lo digo como madre de cinco hijos que todavía están demasiado pequeños y me impiden trabajar normalmente. He llegado a terminar todos los pendientes de una lista en días en los que he tenido que pasar cinco horas en una sala de urgencias, pero no porque sea un superhumano, sino porque no escribo listas que me exijan serlo. Sé que si una lista tiene 20 pendientes no voy a terminar, y tú tampoco. Es posible que realices cinco u ocho tareas, pero ¿cuáles?, ¿las más importantes?, ¿las más fáciles?, ¿quién puede saberlo? Escribir una lista de pendientes breve me fuerza a establecer prioridades. Cualquier otra cosa que se me ocurra la puedo asignar a una fecha futura mientras la rueda de la fortuna siga girando, o incluirla en lo que el gurú de la productividad David Allen llama "Lista del algún día o del tal vez". También he aprendido, a la mala, que no tiene ningún sentido incluir algo en una lista de pendientes y luego no hacerlo. La tarea sigue sin realizarse como si, para empezar, no la hubiera incluido en la lista. La diferencia es que ahora está ahí burlándose de mí porque no la hice.

Una lista diaria de pendientes bien editada tiene otra característica distintiva para el trabajo en casa: te permite saber en qué momento puedes *terminar* tu jornada.

Si tu trabajo implica reportarte a una oficina durante ocho horas, ya sabes que el día termina a las 5:00 p.m. Pero cuando tienes demasiado control sobre tu tiempo y tu ubicación, puede ser más difícil identificar la hora en que la jornada llega a su fin. Esto nos lleva de vuelta a la noción de organizar con base en las tareas y no en el tiempo. El día se acaba cuando termino mi lista diaria de pendientes. Si quiero puedo hacer más cosas, pero no estoy *obligada* a ello. Si elijo bien las tareas, mi lista es breve y termino temprano, sé que fue un gran día, aunque apenas sean las 11:30 a.m.

Por supuesto, rara vez acabo a las 11:30 a.m. porque siempre surgen nuevos asuntos que se deben atender y porque con el paso de los años he aprendido a calcular mejor cuántas tareas llenarán las 35 o 40 horas que planeo trabajar cada semana. Una opción es tratar de calcular los tiempos en tus listas de pendientes. Cuando Anne Bogel redacta su lista, siempre permite que su agenda del día sea holgada porque las actividades suelen tomar tiempo, y si no hay tiempo, la actividad no se realiza o se traslapa con algo más. "No puedo fabricar otra hora —explica—. Mi tendencia natural es nada más hacer la lista y esperar lo mejor, pero no es una estrategia." Yo dejo espacios abiertos porque los imprevistos se presentan, tanto los buenos como los malos, y porque también se mezclan. Además, mi trabajo me gusta bastante y, si termino temprano, suelo invertir más tiempo en pensar en los proyectos o en redactar la lista del día siguiente. Si tienes gente a tu cargo, la idea de que una persona pudiera terminar sus tareas del día a las 11:30 a.m. podría resultarte desconcertante. ¿Qué pasa con el coste de oportunidad?

Sin embargo, insisto en que cantemos nuestro mantra: organizar con base en las tareas, no en el tiempo. Si aplicas bien esta estrategia, puedes lograr que gente con listas diarias breves y bien planeadas sea mucho más productiva que gente a la que se le exige mantenerse sentada en su escritorio ocho horas continuas. Porque no cabe duda: si las tareas asignadas no se planean bien, cualquiera puede desperdiciar ocho horas diarias, aunque las pase sentado en su escritorio. Cuando no te consta que la gente permanece en su escritorio ocho horas, tienes que ser más meticuloso y comunicarte bien para asegurarte de que realizar las tareas asignadas le tome una cantidad de tiempo adecuada. Por ejemplo, una jornada laboral de una hora puede provocar que la gente se aburra, en tanto que una jornada de 13 horas la va a agotar. Tienes que organizar y administrar de forma activa, lo cual no tiene nada de malo. En una encuesta de Gallup de enero de 2020 sobre el trabajo a distancia, se descubrió que entre 60 y 80% de la gente que trabajaba fuera de la oficina tenía mayor disposición que otros empleados a sentirse involucrada y a pensar que había alguien cuidando y haciéndose cargo de su desarrollo. Sospecho que esto sucede porque el teletrabajo nos exige pensar constantemente en estos aspectos.

Pero no te preocupes, no tienes que hacerte cargo ni organizar hasta la más trivial de las actividades. Los miembros de un equipo pueden y deben proponer sus propias listas de tareas. Además, los empleados comprometidos incluirán en ellas cuestionamientos como los que surgen en situaciones tipo: "¿Y qué pasaría si…?". Por ejemplo: "¿Y qué pasaría si todo el trabajo que hacemos en la oficina necesitáramos hacerlo de forma virtual debido a una pandemia?". La gente propondrá espontáneamente clientes y proyectos potenciales. Incluso algunos recordatorios de tareas especulativas: ¿Qué están haciendo nuestros competidores realmente bien ahora? ¿Qué haríamos si se duplicara nuestro presupuesto? ¿Y si lo recortaran al 50%? Si este proyecto fallara de manera espectacular, ¿cuál sería la razón más probable del fracaso? Si las cosas salieran increíblemente bien, ¿qué actividades deberíamos proponer para dar seguimiento?

Con los equipos pequeños podrías compartir tu lista de pendientes diaria sin demasiadas formalidades. Los equipos más grandes tal vez funcionen mejor si monitorean el trabajo a través de aplicaciones de administración de proyectos para que todos sepan quién está haciendo qué y quién está esperando qué. Después tendrán la satisfacción de ver una lista de pendientes en la que se han realizado todas las tareas. Estas acciones generan un progreso sostenible día a día y semana a semana. En su artículo para *Harvard Business Review*, los investigadores Teresa Amabile y Steven J. Kramer escribieron sobre el análisis que hicieron de miles de diarios de trabajadores del área del conocimiento: "De todas las acciones que pueden fortalecer las emociones, la motivación y las percepciones durante una jornada laboral, la más importante es avanzar en el trabajo más significativo. Cuando la gente tiene esta sensación de progreso con mayor frecuencia, se siente más dispuesta a ser productiva en el aspecto creativo a largo plazo". A esto se le conoce como "el poder de los pequeños logros", que es precisamente lo que obtienes cuando organizas con base en las tareas.

RECONSIDERA LAS REUNIONES

Cualquier persona que esté tratando de organizar con base en las tareas y no en el tiempo debería reconsiderar la manera en que hace sus reuniones.

El concepto fundamental de una reunión es la sensatez. Uno reúne a la gente a una hora precisa, ya sea en persona o de forma virtual, con el objetivo de tomar una decisión. Si formas parte de una empresa peculiar que nunca programa reuniones, como sucede con algunos negocios médicos o negocios enfocados en un individuo creativo, probablemente ganarás mucho si pasas de organizar cero reuniones a organizar por lo menos una. Anne Bogel comenta: "Soy muy renuente a las juntas, no me gusta programarlas, no me gusta organizarlas, y no me parece que sea la mejor manera de invertir el tiempo de una persona". No obstante, cuando su equipo creció a 12 personas, Anne se dio cuenta de que, aunque todos hablaban con ella, no necesariamente se comunicaban entre sí, por lo que la gente no sabía lo que estaban haciendo los otros. "Estábamos perdiendo oportunidades para la promoción vectorial", explica. Es por ello que, en contra de sus deseos, Anne tuvo que instituir una reunión semanal de media hora después del almuerzo para ver lo que estaba sucediendo en el equipo.

Aunque pasar de cero juntas a una junta semanal puede ser benéfico, pasar de una a 25 no lo es tanto. Las juntas proliferan y dejan de ser útiles porque muchos insisten en organizar y administrar con base en el tiempo y no en las tareas. La gente se reúne porque es martes y son las 10:00 a.m., y porque este equipo siempre se reúne los martes a las 10:00 a.m. La gente se reúne durante una hora porque eso es lo que duran las juntas. No está muy claro cuál es tu papel particular en una reunión, pero de todas formas vas porque ésta se lleva a cabo y porque tu jefe tiene control sobre tu tiempo el martes a las 10:00 a.m. Cuando todos tienen una agenda repleta de juntas se suma un problema secundario: la gente siente que no puede hablar con sus colegas o clientes sin una reunión programada, y como no se puede programar nada sino hasta dentro de mucho tiempo porque todos tienen una agenda repleta de juntas, la velocidad del trabajo se reduce de manera considerable. Esto sucede en particular en el caso del trabajo virtual porque, si haces home office, difícilmente sucederá algo que es muy común en la oficina: encontrarte en el elevador a un colega con quien querías hablar y evitarte así los canales formales.

Por fortuna, el trabajo virtual nos ofrece la oportunidad de innovar en lugar de reproducir hábitos. En teoría, las reuniones virtuales deberían ser más eficientes porque no necesitas transportarte y porque, como ya he escuchado decir a ciertas personas observar con cinismo, si una reunión va a ser inútil, al menos la videoconferencia te permitirá realizar varias tareas al mismo tiempo, tema del que hablaré en la siguiente sección. Lo que yo te sugiero es que en lugar de sólo convertir todas tus reuniones presenciales en llamadas o en videoconferencias, y de usar el tiempo de transición para hacer más reuniones como parte de una ofrenda al altar de la colaboración, mejor analices con cuidado cuáles realmente necesitan llevarse a cabo.

Dominic Benford es astrofísico y trabaja para la NASA. En marzo de 2020, cuando la mayor parte de esta organización tuvo que trasladarse al entorno virtual, Dominic dijo: "Todas las juntas las hicimos en línea, pero dos semanas después nos dimos cuenta de que eran demasiadas. Estábamos programando reuniones de una hora que, en realidad, nada más eran para seguimiento o para añadir comentarios". Entonces el equipo empezó a solicitar que se enviara con anticipación la agenda. También descubrieron que las estructuras basadas en la colaboración presencial no siempre eran lo ideal para las reuniones virtuales. Los paneles científicos de revisión, por ejemplo, implicaban que científicos de todo el mundo viajaran en avión a las instalaciones. Una vez que estaban aislados de todo lo demás, permanecían encerrados hasta 10 horas en una sala de conferencias para debatir ideas. Casi de inmediato, Dominic y sus colegas se dieron cuenta de que cuando la gente trabaja desde casa, bloquear 10 horas no sirve de mucho, y ni mencionar el hecho de que es imposible que un periodo así de largo funcione de la misma manera para un científico que está en San Francisco que para otro que está en Roma. "En este tipo de colaboración, la jornada laboral completa es de, quizá, cinco horas como máximo", explica Dominic, pero como la gente no tenía que volar hasta las instalaciones de la NASA, las labores se *podían* extender durante varios días que, de otra manera, se habrían perdido debido a las horas de vuelo y al desfase físico que sufre el cuerpo al cruzar husos horarios conocido como *jet lag*. La transición fue un poco compleja, "pero sospecho que mucha gente descubrirá que es preferible trabajar así".

Tal vez puedas modificar la cultura de tu empresa y ser más sensato respecto a las reuniones programadas. Organizar con base en las tareas y no en el tiempo implica preguntarte lo siguiente: ¿cuál es la manera más eficiente de lograr el resultado deseado?

En el trabajo virtual, a menudo la respuesta para cumplir tareas que involucran a otras personas radica simplemente en *tomar el teléfono y llamarles*. Amy Laski es fundadora de Felicity, una agencia de relaciones públicas completamente virtual con base en Toronto y nos dice que su equipo tiene lo que ella denomina "el compromiso de sólo llamar". Esto significa que llegaron al acuerdo de que durante ciertas horas no tendrían ningún problema con hacer y recibir llamadas no programadas. Es el equivalente a la política de la puerta abierta. Si alguien está en una llamada con otra persona o no puede responder, te devolverá la llamada, y si no, puedes intentar más tarde. "Suena muy simple —admite Amy—, pero es un acuerdo modesto que hace una gran diferencia porque en una llamada de dos minutos se puede lograr lo que de otra manera implicaría un intercambio de varios correos electrónicos." O una sesión de Zoom a las 11:00 a.m. que está ahí en la agenda partiéndote la mañana y obligándote a abandonar un trabajo enfocado y profundo 10 minutos antes, esperar a que todos se conecten, discutir sobre lo que está sucediendo, tratar de encontrar la respuesta al problema pronto, y luego seguir hablando porque en tu agenda dice que esa reunión debería durar 30 minutos.

¿Y qué hay de las reuniones que sí se llevan a cabo? Organizar con base en las tareas y no en el tiempo implica enfocarse en los resultados, tener un propósito: ¿Qué cambiará en el mundo si llevamos a cabo esta junta? Si no cambiará nada, piensa bien si en verdad tienen que reunirse. ¿Cuál es la agenda?, ¿quién necesita estar en la junta o en la llamada para lograr el objetivo?, ¿qué harán todos los participantes de la reunión o de la llamada cada minuto que pasen en ella? Si la respuesta es "sólo estar sentados ahí", entonces tienes una empresa estancada en la mentalidad de que los empleados te deben horas. El tiempo y la atención de tus empleados es un recurso valioso. Si los diriges de la manera correcta, se pueden lograr grandes cosas, pero si no, implicarán un enorme coste de oportunidad. Al final de cada reunión o llamada pregúntate si se logró el propósito. De no ser así, ¿cuál fue la razón?, ¿qué podría hacerse mejor?

Programar las reuniones de esta manera exige más esfuerzo y, por supuesto, no puedes organizar muchas a menos de que tengas un jefe de personal de tiempo completo que se asegure de que cada una sea planeada meticulosamente. Para quienes no hemos alcanzado ese nivel, esta revisión sistemática resulta muy favorable porque la recompensa de sólo llevar a cabo reuniones bien planeadas es enorme. Dominic dice que ahora se envían con anticipación las agendas de una mayor cantidad de juntas, "además, estamos terminando muchas antes de lo usual. Cuando acabamos, acabamos". La pandemia ha forzado la situación, pero "me parece que esta nueva normalidad finalmente será más eficaz para todos".

ENFÓCATE EN LOS RESULTADOS

Cuando te diriges a ti mismo y a otros con base en el tiempo, la responsabilidad parece contundente: ¿cubriste las horas que acordamos? En cambio, enfocarse en los resultados exige una mentalidad distinta que tampoco tiene que ser complicada. Una forma de manejarlo consiste en hacer al final del día una lista de lo que lograste. Le puedes llamar "lista de tareas realizadas" o lista "tantán" (como diría Gretchen Rubin, coanfitriona del podcast *Happier*). Tal vez revises tu lista de pendientes diaria y veas que cumpliste con todas las tareas, lo cual será genial, pero inevitablemente verás que luego surgieron otras cosas y que es muy satisfactorio llevarse el mérito de haberlas cumplido también. Así que escríbelas junto a las tareas del día y, ¿por qué no?, táchalas también o escríbelas en otro registro. Este registro adicional te será de ayuda en esos días en los que parece que nada está saliendo bien, porque puedes leerlo de nuevo y recordarte a ti mismo que, efectivamente, eres una persona productiva y también podrás con la carga de trabajo de ese día.

Meredith Monday Schwartz les pide a los miembros del equipo de Here Comes the Guide que envíen un correo electrónico al final de la jornada. "Redactarlo no debería tomar más de cinco minutos. No tiene por qué ser un trabajo arduo", explica. El correo les recuerda las ambiciones que tenían en la mañana, y de esa manera los responsabiliza para que cumplan lo que dijeron que harían. También mantiene a Meredith al tanto de lo que está sucediendo en la empresa y le permite detectar problemas pronto.

Aunque en realidad es sencillo, enfocarse constantemente en los resultados estando en un mundo basado en el tiempo no es algo automático. Amy Laski señala que a ella le ha costado trabajo encontrar contratistas a los que les agrade la idea de que les paguen por 10 éxitos en los medios, en lugar de por 10 horas de trabajo. Felicity les cobra a los clientes tarifas fijas en lugar de tarifas calculadas en términos de horas facturables. Amy ha descubierto que muchos clientes "aprecian el hecho de no sentir que van a contrarreloj", pero para que esto sea justo para todos, se asegura de establecer desde el principio los parámetros sobre lo que está al alcance de la empresa y lo que no.

En el marco del teletrabajo, los gerentes y los miembros del equipo necesitan averiguar qué está al alcance y qué no. Una de las razones por las que la gente no se organiza con base en tareas es porque no todos están dispuestos a aceptar la responsabilidad de lograr lo que está a su alcance, incluso si eso implica poner a prueba distintas maneras de resolver un problema. En general, tal vez sería más sencillo aceptar la misión de caminar ocho horas seguidas que aceptar una misión que te exija caminar hasta una montaña cercana y cruzar un río para llegar, sin que tu jefe esté ahí esperándote con una balsa.

Arran Stewart es cofundador de Job.com, un sitio de internet que desde antes del covid-19 ya tenía equipos cuyos integrantes trabajaban en lugares distintos. Según Arran, muchos gerentes se han topado con empleados que "al enfrentarse a un desafío y no poder responder de manera inmediata, se sientan y esperan hasta hablar con un superior para seguir trabajando". Si deambulas por la oficina y ves esto, puedes detenerte e intervenir. O si en tu camino a los sanitarios pasas por el área de trabajo de un empleado y lo saludas, éste podría darte algunos indicios de que algo no anda bien. El empleado que trabaja desde casa, en cambio, tal vez tendrá que evaluar por sí solo si debe llamar a su jefe y pedirle ayuda, lo cual es difícil de por sí. Luego, quizá tendrá que poner a prueba nuevas estrategias sin recibir guía inmediata o sin saber cómo identificar las tareas nuevas y necesarias que deberá realizar mientras espera. "Todo se reduce a una guía y rutinas sólidas —explica Arran—. Al principio tienes que darle más amor a la gente." Si no estás seguro de que te marcarán cuando tengan un problema, llámales tú.

Los empleados a distancia más titubeantes necesitarán sacarse de la cabeza la idea de que las cosas saldrán bien siempre y cuando tú, el jefe, estés en la oficina, y esto exige una gran cantidad de motivación de tu parte. Pero sin duda es preferible brindarles apoyo que instalar software de monitoreo o usar otras de las herramientas que forman parte de un tipo de gestión que promueve la falta de involucramiento de los líderes. Los empleados que saben que sus jefes están obsesionados con que cumplan con horarios estipulados pueden encontrar la manera de enviar mensajes que hagan parecer que se despiertan temprano y que continúan trabajando durante todo el día, cuando en realidad se toman pausas para holgazanear. Pero esto no te dice nada, del mismo modo que ver a alguien sentado en una silla tampoco te dice nada. La productividad a lo largo de muchas horas puede ser baja de todas formas, así que es mejor ayudarle a la gente a encontrar los medios para motivarse a sí misma. "Saber trabajar de manera independiente es una habilidad de vida", explica James Hickey, director administrativo de estrategias alternativas de Spearhead Capital, quien dirige desde Dallas a su equipo en Boston. "Ya no estamos en el jardín de niños, donde todos necesitan que los tomen de la mano." Enfocarse en las tareas cumplidas en lugar de en el tiempo acumulado implica tratar a los colaboradores como adultos.

RECONSIDERA LA URGENCIA

Aún me falta hablar de un aspecto de la organización con base en las tareas y no en el tiempo. En muchos casos, la gente valora la velocidad sin pensar en el coste de oportunidad sobre los resultados. Los empleados dan por hecho que responder al instante un mensaje en Slack del jefe o un correo electrónico de un cliente les hace ganar puntos, y por eso permanecen conectados constantemente a pesar de que esto interrumpe el tiempo enfocado que necesitan para pensar.

A veces la gente tiene la impresión de que "al ojo del amo engorda el caballo", pero esto hace que muchos exageren. Es por ello que algunos directores a los que les preocupa que los empleados estén viendo Netflix en lugar de trabajar permanecen en contacto constante. La explicación podría ser que muchos tratan de recrear el intercambio casual que se da en la oficina, pero lo ideal es que el teletrabajo nos dé la oportunidad de reconsiderar la tiranía de las tareas urgentes.

Poca gente trabaja en fábricas donde la labor del director consista en gritar "¡Apúrate!". Cualquier persona cuyo trabajo se pueda realizar a distancia, muy probablemente forma parte de un negocio que ofrece soluciones a problemas. Por supuesto, los directores y los clientes preferirían recibir una respuesta correcta un poco más tarde, que recibir una respuesta equivocada o incierta de manera inmediata. Reflexionar a fondo no es necesariamente malo. A veces, tardarte un poco en responder te permite generar ideas que, de entrada, harán que la gente quiera trabajar contigo.

Por todo esto, vale la pena que tengas conversaciones honestas con tus clientes y los miembros de tu equipo respecto a qué constituye un tiempo apropiado de respuesta. A algunas personas les gusta establecer reglas, como la de responder los correos electrónicos de los colegas en menos de 24 horas, bajo el entendido de que para cualquier cosa más urgente siempre se puede usar el teléfono. Sin embargo, *no es fundamental que haya* reglas.

Cuando analices tu horario, es probable que detectes que eres más propenso a responder en algunos momentos que en otros. Elizabeth Morphis es profesora asistente de educación infantil y alfabetización en SUNY, Old Westbury. En marzo de 2020 ella y sus alumnos, que son aprendices de maestros, hicieron la transición al aprendizaje virtual. Elizabeth empezó a enviar lecciones y tareas los domingos, pero poco después se dio cuenta de que "los lunes parecían ser el día en que muchos de mis estudiantes de licenciatura aprovechaban para trabajar en sus pendientes". La maestra mantuvo abierta la comunicación por correo electrónico los lunes por la mañana para responder con rapidez las preguntas que fueran llegando. En lugar de estancarse, Elizabeth dejó por la paz la idea de calificar apresuradamente o de planear las clases los lunes. Y como durante la semana no tenía que responder de manera tan inmediata, podía aprovechar ese tiempo para programar otras labores.

Cuando hables con tus colegas sobre el flujo de trabajo, comparte una guía respecto a los correos electrónicos fuera de las horas laborales y al desempeño en general. ¿Cuáles son las expectativas? No hagas que tu equipo prometa lo imposible y luego se agote tratando de cumplir, porque eso no te hará quedar como el héroe. A la larga sólo quedarás como una persona para la que nadie que tenga opciones querría trabajar.

Amy Laski dice que en las relaciones públicas con frecuencia

existe la noción de que todo tiene que hacerse para ayer. Cuando sientes que estás en una carrera vertiginosa en todas direcciones al mismo tiempo, es muy difícil establecer prioridades. He tratado de fomentar de manera consciente una cultura en la que podamos dar prioridad a las cosas importantes. Claro, a veces surgen situaciones urgentes, y en esos casos actuamos con la rapidez necesaria, pero ¿si no es así? Entonces es posible responder el lunes los correos recibidos el fin de semana.

Organizarte a ti mismo y a otros con base en las tareas no significa que debas ignorar las horas. Un trabajo profesional y bien hecho exige tiempo. En los registros y bitácoras he constatado que la mayoría de los empleados que laboran a distancia terminan trabajando las mismas entre 30 y 50 horas semanales que los empleados que asisten a la oficina. Meredith Monday Schwartz señala que ella y sus empleados establecen intenciones que en general implican trabajar unas ocho horas diarias, pero no se trata de un número al azar. Sospecho que su popularidad tiene como base los ritmos naturales de los seres humanos. Esto significa que es necesario ver el tiempo de la manera correcta, es decir, entender que forma parte de la ecuación del éxito y que es una variable que puedes aumentar o disminuir dependiendo de las circunstancias. Pero esto no es lo único que se debe considerar. Lo fundamental es tener logros modestos e irlos acumulando, porque cuando establecemos una misión y la completamos, la emoción de avanzar nos motiva. Haz esto día con día, y sin importar cuántas horas trabajen los miembros del equipo, verás que muy pronto se sentirán invencibles.

Encuentra el ritmo correcto

Durante varios siglos, las personas que visitaron ciertos monasterios no habrían necesitado llevar consigo relojes porque en estos recintos los cantos y las lecturas solían marcar el tiempo, mientras los monjes recorrían la Liturgia de las horas: las alabanzas al amanecer, las vísperas en la tarde y las completas antes de acostarse. Este tipo de rituales estimulaba la atención consciente y generaba una sensación de calma. Los monjes tampoco tenían que enfrentarse a la pregunta de qué deberían estar haciendo en un momento dado, porque sus ritos les daban la respuesta de forma natural. Actualmente, estos ritos podrían ser una intrigante manera de abordar el tiempo para quienes tratan de manejar bien su vida cotidiana.

¿Por qué? Porque independientemente de si uno está en un monasterio o trabajando desde casa, un buen día tiene ritmo. Tiene un comienzo y un final, y ambos son igual de importantes. Cada día deberías tener un patrón general con pautas que indiquen en qué momento realizar tus tareas dependiendo del tipo de trabajo que estés tratando de completar. Un buen ritmo te ayuda a distribuir tu energía y esto te permite lograr más.

A diferencia de los monjes, tú cuentas con la ventaja de que hoy en día el trabajo autodirigido te permite escoger la Liturgia de las horas que mejor te funcione. A algunas personas les gusta seguir el mismo patrón todos los días, pero hay otras que los alternan para poder enfocarse de distintas maneras en la interacción con otras personas o en un trabajo más tranquilo y solitario. Si tienes flexibilidad en tu horario y si trabajas mejor temprano por la mañana, no necesitas esperar a que abran las puertas para empezar a actuar. Si eres director o gerente, y te gusta levantarte temprano, no es necesario que te inquietes y estés verificando que los empleados también empiecen a trabajar a las 6:00 a.m. sólo porque existe una regla tácita que indica que los ganadores siempre están en su escritorio para el momento en que el jefe entra a la oficina. Asimismo, los empleados que trabajan desde temprano tampoco tienen por qué enfrentar la presión de permanecer en su escritorio sin hacer nada de las 4:00 p.m. a las 5:00 p.m. sólo porque las normas del grupo exigen que nadie se vaya antes de esa hora.

En situaciones extremas puedes ser creativo y elegir horarios poco ortodoxos, si es que a ti y a tu equipo les funciona un ritmo en particular. Debra Scott trabaja en proyectos de tecnología de la información (IT, por sus siglas en inglés) y en gestión de proyectos para la industria manufacturera. Debra nos explica que la diferencia en los husos horarios le causó problemas de comunicación con sus equipos en el sudeste asiático, y por eso decidió dividir sus turnos de trabajo. "Iba a la oficina local cuatro horas por la mañana, y luego trabajaba cuatro horas más en la noche para conectarme directamente con los equipos y las personas en el sudeste asiático. Me di cuenta de que en esas horas entre las 8:00 p.m. y la medianoche, o entre las 9:00 p.m. y la 1:00 a.m., la gente solía pasar su tiempo viendo la televisión, navegando en internet o jugando juegos." Con su nuevo horario, Debra pudo desempeñarse mejor y disfrutar de las tardes y las noches con su familia antes de iniciar su segundo turno de trabajo desde casa.

La única condición para establecer un horario como éste le hace un guiño a la comunidad monástica: los horarios flexibles deben complementar la manera en que los colaboradores se desempeñan mejor. Meredith Monday Schwartz de Here Comes the Guide les pide a sus empleados que elijan el horario en el que prefieren trabajar. Puede ser de las 7:00 a.m. a las 3:00 p.m., o de las 9:00 a.m. a las 5:00 p.m.; y además, la gente no tiene por qué checar tarjeta. Si alguien tiene una cita con el dentista en la mañana, puede empezar a trabajar más tarde, pero de manera general, cuando los horarios son hasta cierto punto predecibles, los colegas saben que pueden ponerse en contacto entre ellos sin problema. Pueden planear colaboraciones en las horas que coinciden, o pueden trabajar en equipo para cubrir más horas.

Me parece que esta manera predecible pero flexible de trabajar es perfecta para buena parte de las tareas. En cuanto las empresas tuvieron que empezar a laborar de forma virtual de la noche a la mañana, muchas sólo reprodujeron las horas de oficina que esperaban que se cumplieran. Esto resulta lógico para una situación temporal, sin embargo, el teletrabajo a largo plazo nos ofrece la oportunidad de reconsiderar la distribución del tiempo. Si un empleado siempre ha sido inútil hasta antes de las 10:00 a.m., pero a partir de esa hora es tan increíblemente productivo que se le requiere de forma constante, ¿qué caso tiene forzarlo a checar tarjeta a las 8:00 a.m.? Los equipos que trabajan de una manera más estrecha pueden establecer horarios en los que todos permanezcan "conectados", pero que le permita a cada integrante establecer su propio ritmo alrededor del horario fijo.

En la siguiente sección hablaremos de cómo planear los ritmos de tus días para que inicien bien y terminen bien, y para que puedas lograr mucho a lo largo de la jornada.

COMIENZA BIEN

¿Cómo saber si estás en la modalidad del buen desempeño? El traslado cotidiano al trabajo sirve como un ritual natural que te permite hacer la transición entre tu hogar y la oficina. Hay mucha gente que, si no puede realizar ese ritual, necesita algo para sustituirlo. Un "falso desplazamiento" al trabajo no tiene por qué ser complicado. Muchos teletrabajadores todavía necesitan ir a ciertos lugares en la mañana. Tim Peters es abogado de una empresa de Colorado y ha trabajado durante años para Ann Arbor, Míchigan. Él nos explica que camina medio kilómetro para llevar a sus dos niños a la escuela, y luego camina de vuelta a casa, por lo que "tengo una especie de trayecto que necesito hacer de manera fija", o al menos así fue hasta que las escuelas cerraron en la primavera de 2020 debido a la pandemia. Hacer este recorrido le permitía a Tim tomar aire fresco y cambiar su mentalidad para hacer la transición del hogar a la vida laboral de manera cotidiana. "Creo que tenerle afecto a una rutina resulta útil en esta situación porque así te agitas menos y tiendes a enfocarte un poquito más."

Matt Altmix dirige un negocio de fotografía desde su hogar en Atlanta y es coanfitrión del podcast *How to Money*. Tiene cuatro hijos y usualmente lleva a los dos mayores en bicicleta a la escuela en la mañana. Luego lee, medita o reza algunos minutos, y de esta forma está listo para empezar a trabajar a las 9:00 a.m. Si tú no tienes que llevar a tus hijos a la escuela o acompañar a tu cónyuge a la estación del metro, puedes tratar de hacer algo más: dale una vuelta a la manzana, haz un mandado rápido como ir a la oficina postal o al cajero automático, o saca a pasear a tu perro. También puedes preparar una taza de café enfocándote en hacerlo de una manera profunda y consciente. Puedes sentarte frente a tu escritorio, abrir tu agenda y leer una afirmación cada día. Riega las plantas. Diseña una pauta musical personal como lo hace Katie Goudie, consultora de mercadotecnia, quien cuenta con un *soundtrack* para trabajar: "Tengo una lista de temas poco agitados de jazz en piano, la cual me gusta reproducir y escuchar con mis audífonos cuando realmente necesito un par de horas de trabajo creativo bien enfocado", explica. Durante la etapa del distanciamiento social, Katie empezó a escuchar en YouTube transmisiones en vivo de música ambiental como la que ponen en las cafeterías, y de esa manera reprodujo la sensación que solía tener cuando las visitaba.

Evidentemente, los equipos también pueden comenzar el día juntos. Durante la pandemia ciertas organizaciones empezaron a hacer una especie de "checado virtual de tarjeta" todos los días a las 9:00 a.m. Como podrás imaginar, esto de "checar tarjeta" me provoca sentimientos encontrados porque viola una de las reglas principales para las reuniones sobre las que hablamos en el capítulo anterior. Además, estas reuniones no se llevan a cabo porque sirvan para cambiar algo en el mundo, sino porque son las 9:00 a.m. Por otra parte, si en lugar de considerarlas una junta ordinaria se les aborda como una suerte de ritual, tal vez valga la pena hacerlas. Lo ideal es que una ceremonia de apertura se escriba previamente, que cada minuto esté planeado y que haya un moderador. Todos los participantes deberán obtener algo de la llamada. Y francamente, yo permitiría que estos "checados de tarjeta" fueran opcionales, porque de esa manera los organizadores se verían forzados a demostrar su utilidad. Pero, sobre todo, la ceremonia debe ser breve y durar menos de 10 minutos. De no ser así, sólo agotarás un tiempo en el que, usualmente, la gente realiza su mejor trabajo.

HAZ QUE EL TRABAJO MÁS IMPORTANTE COINCIDA CON EL TIEMPO MÁS PRODUCTIVO

Me encanta la manera en que Anne Bogel de Modern Mrs. Darcy resume el secreto de la productividad: "El objetivo constante es realizar el trabajo que exige concentración y profundidad cuando tengo la energía para hacerlo y cuando no hay distracciones".

La gran tragedia de la cultura laboral en la oficina es que los equipos programan reuniones y establecen horarios de una manera general sin tomar en cuenta el coste de oportunidad sobre los momentos de concentración y pensamiento profundo, ni la posibilidad de que surjan distracciones. La mayoría de la gente está más fresca por las mañanas. Las investigaciones que se han realizado respecto a los niveles de energía que reportan los empleados indican que, en promedio, lo mejor es comenzar a trabajar a las 8:00 a.m., porque después de la primera taza de café la gente siente que puede conquistar el mundo. Para las 2:30 p.m. a la mayoría nos preocupa mucho menos conquistar el mundo que tomar una siesta. No tiene ningún sentido programar a las 9:00 a.m. una reunión de registro en la que, pues sí, todos avisarán que siguen trabajando, si la gente podría enfocarse en labores más intensas justo en ese momento. Si acaso se necesita programar una reunión para confirmar el estatus de cada quien, debería hacerse a media tarde porque la gente siempre asistirá a las reuniones programadas en su agenda independientemente de cómo se sienta, pero no resolverá los problemas de negocios más importantes si su energía está en el nivel más bajo.

Por todo lo anterior, siempre que sea posible planea tus días para llevar a cabo el trabajo más desafiante, especulativo o particularmente importante cuando estés en las mejores condiciones para hacerlo. Registra tus tiempos y anota tus niveles de energía. Si eres como la mayoría de la gente y trabajas mejor en la mañana, reserva los primeros 60 o 90 minutos de la jornada para tu proyecto de mayor prioridad. Es probable que tengas otra explosión útil de energía a media mañana, justo después del almuerzo (pero antes de que te embargue la sensación de sueño); o una hora antes de salir de la oficina. La gente que es como los búhos tiene más energía por la tarde o hacia la noche. Si te conoces bien y sabes que perteneces a esta categoría, puedes planear con base en ello. También puedes especular cómo te sentirás y programar tus tareas dependiendo de eso. Por ejemplo, si las reuniones con cierta persona siempre te dejan agotado, y si esa persona aparece en tu agenda, no planees nada pesado para después del encuentro. Lo mejor es que uses este conocimiento como motivación y te enfoques en el trabajo pesado antes de verlo o verla.

Por supuesto, estas cosas no siempre se pueden controlar. Además, la vida implica ciertos sacrificios o compensar situaciones. En teoría, mi tiempo productivo inicia a las 9:30 a.m., y por eso suelo escribir y editar por la mañana, y luego aprovecho las tardes para hacer llamadas telefónicas y enviar correos electrónicos, aunque también salgo a correr un rato para recuperar energía. Sin embargo, debido al cierre de las escuelas durante la pandemia, tres de mis hijos tuvieron que empezar a reunirse con sus maestros a través de Zoom a las 9:30 a.m. Aunque cuento con buenos sistemas y tengo la aplicación cargada en varios aparatos, inevitablemente alguien siempre necesita soporte técnico. El hecho de tener cinco hijos me obliga a distribuir el tiempo de manera muy concienzuda para abordar mis tareas, pero si el bebé está dormido a las 6:30 a.m. y la casa se encuentra en silencio, puedo resistir la tentación de ponerme a limpiar la bandeja de entrada de mi correo electrónico porque sé que eso se puede hacer en cualquier momento. Una de las lectoras de mi blog sugirió en una publicación que la gente que interrumpía con frecuencia su programa de trabajo diario asignara "un mínimo de 60 minutos para hacer por la mañana, antes que cualquier otra cosa, el trabajo que exige concentración". Según la lectora, trabajar esa hora antes del inicio normal de la jornada "te da ventaja". Así te anotas una victoria temprano y puedes estar más relajado cuando la gente empiece a solicitarte cosas. Esto es de particular importancia si eres gerente o director porque, cuando supervisas a los integrantes de un equipo, sus preguntas en realidad no son distracciones sino asuntos de trabajo, y es agradable atenderlas de esa manera y sentirse completamente abierto y dispuesto a lidiar con las dudas. Muchos gerentes o directores terminan usando la jornada normal para atender preguntas y luego, después de las 5:00 p.m., hacen el trabajo que requiere más enfoque. Sin embargo, a menos de que seas como búho, tu cerebro estará nublado para cuando el reloj se encamine a las vísperas o la hora del aperitivo. Incluso los búhos llegan a sentirse cansados después de un largo día de trabajo. Realizar las tareas que exigen concentración y enfoque antes de que comience el día te permite aprovechar un tiempo que suele ser altamente productivo para pensar de forma crítica y lograr que los proyectos importantes avancen.

LA GUERRA CONTRA LAS DISTRACCIONES

Ahora hablemos de las distracciones reales. Sé que hasta antes de la pandemia de covid-19, una buena cantidad de líderes de negocios se negaba a la posibilidad de realizar home office porque daba por hecho que los empleados no supervisados pasarían todo el día viendo Netflix. Aunque estoy segura de que esto podría suceder, en mi análisis de cientos de registros temporales de gente que teletrabaja uno o varios días por semana nunca he detectado a alguien que vea más de un programa de Netflix a la hora de la comida. Lo que este experimento masivo sobre el trabajo a distancia en 2020 nos ha revelado es que los empleados comprometidos y motivados continuarán estándolo donde quiera que trabajen, y que los empleados sin motivación y sin compromiso te decepcionarán desde cualquier sitio. La ubicación no es lo que convierte a una persona exitosa y con ambición en un delincuente.

Dicho lo anterior, tanto las personas con bajo desempeño como las personas con alto desempeño pueden distraerse. La diferencia es que las primeras no terminan sus tareas y las segundas, en cambio, lidian con las distracciones trabajando una cantidad extrema de horas para cumplir con las expectativas pase lo que pase. Pero como ninguna de estas situaciones es favorable a largo plazo, lo mejor es atender el problema.

Algunas distracciones son obvias, como cuando un compañero de trabajo tiene una conversación telefónica a todo volumen afuera de tu oficina. Otras son más traicioneras porque parecen productivas. Un día, por ejemplo, estás escribiendo una propuesta para un nuevo cliente y de pronto recuerdas que un colega te envío una estadística que sería genial incluir. Entras a tu bandeja de correo electrónico para sacarla y… media hora después sigues enfocado en los mensajes "urgentes". Cuando trabajas desde casa, además de tener este tipo de distracciones, te enfrentas a las causadas por el hecho de estar en el entorno doméstico. Súbitamente recuerdas que tu cónyuge dijo algo respecto a preparar tacos para la cena. Te diriges a la cocina para ver si sacó la carne molida del congelador, y ya que estás ahí, notas el altero de correspondencia que no ha sido catalogada y… ¡cielos! Adiós a tu hora ininterrumpida de trabajo.

Afortunadamente, es posible minimizar todo tipo de distracciones. La mejor manera de lidiar con las distracciones "productivas" que surgen en tu mente de forma espontánea consiste en redactar una lista "para después". Mientras estés haciendo el trabajo que exige concentración y enfoque, mantén un cuaderno a tu lado, y cada vez que surja algo que necesites hacer, escríbelo. Si tienes que buscar un número, una cita o algo de información, usa el truco de muchos periodistas. Junto al pendiente escribe "PD", que significa "para después", y luego lo incluyes en la lista de tareas que tendrás que hacer más tarde. En media hora, o en 40 minutos, cuando tomes un descanso, podrás hacer todas estas tareas pendientes. Piensa que si sacas la carne del congelador media hora más tarde no habrá mucho problema, pero que el tiempo que puedes trabajar ininterrumpidamente es irrecuperable.

En este periodo ininterrumpido mantente enfocado y haz sólo una cosa a la vez porque, de otra manera, perderás tiempo en las transiciones. Mucha gente dice que la Técnica Pomodoro es lo máximo. Se trata de una estrategia que implica trabajar 25 minutos y luego tomar descansos de cinco. Esto genera bloques adecuados para una agenda con muchas tareas programadas que deben realizarse en una sola hora o en media hora. También es efectiva para cualquier trabajo que te resulte difícil o que no te emocione ni tantito porque, después de todo, ¡son sólo 25 minutos!, ¡puedes lograrlo! Por supuesto, estos 25 minutos no tienen nada de mágico. Kaelyn López era enfermera de hospitalizaciones de corta estancia, pero actualmente es enfermera registrada encargada de análisis de datos, y trabaja desde casa. Kaelyn nos cuenta que ahora usa un temporizador activado para contar 30 o 60 minutos, dependiendo de la tarea, y que esto "me cambió la vida por completo. En cuanto empecé a utilizar el temporizador fue como si hubiera firmado conmigo misma un pacto en el que me comprometía a no hacer nada más que trabajar hasta que se acabara el tiempo marcado. Si el temporizador no está corriendo, siento un extraño tipo de libertad y me pongo a buscar cosas en internet o hago tareas que no están relacionadas con el trabajo, aunque no debería".

Hilary Sutton es consultora y promotora de contenidos, y trabaja en Washington, D. C. Ella sugiere que la gente "ponga a prueba distintos '*sprints* de enfoque'. Yo descubrí que a mí me funcionaban los *sprints* de entre 90 minutos y dos horas porque me hace bien ponerme de pie y hacer otra cosa cada dos horas aproximadamente". Pocas personas se pueden concentrar más de dos o tres horas continuas, pero no hay problema porque en cualquier periodo de tres horas a la mayoría nos da sed o hambre, o necesitamos ir al baño de todas maneras.

Hay otra distracción traicionera sobre la que me gustaría advertirles a quienes trabajan desde casa: la cita al mediodía. En teoría, la gente con horarios flexibles podría aprovechar el espacio de las 11:00 a.m. para ir al dentista. En ocasiones te parecerá que vale la pena hacerlo si eso te permite ver a un especialista tres semanas antes de lo previsto, pero no interrumpas sistemáticamente tus días con algo que, en esencia, son tareas con un nombre distinto. Ahorra esas interrupciones para actividades que impulsen tu carrera, como las comidas de *networking*, o para cosas que no se puedan hacer en otros horarios, como ir de chaperón a un paseo escolar. Si tu médico ofrece citas a las 8:30 a.m., pide la tuya a esa hora, y haz lo mismo con las reuniones con contratistas y repartidores. De hecho, programa todas para el mismo día si te es posible. Hilary Sutton sugiere establecer para ti el mismo tipo de reglas que observarías en un lugar de trabajo. "Si en la oficina no tendrías la obligación de ir a abrir la puerta, libérate en casa de esa sensación de estar forzado a hacerlo", nos dice.

Si haces home office, es probable que ahora pases más tiempo en el teléfono, pero como las reuniones siguen siendo reuniones, las conferencias telefónicas deberían planearse de la misma manera que las juntas presenciales. El problema es que, como la mayoría de las reuniones en persona *no* se planea bien, y como las conferencias telefónicas son aún peores, es increíblemente fácil distraerse. La regla de oro es: si una llamada te permite realizar varias tareas al mismo tiempo sin mucho problema, no deberías estar en ella. Aunque tal vez resulte benéfico mostrar tu rostro en una larga videoconferencia, permanecer media hora sentado para participar en una llamada de audio con 30 personas prácticamente no te ofrece ningún beneficio, así que evítalas siempre que sea posible. Si en verdad necesitas estar en una llamada de audio y prestar atención, entonces haz algo para ocuparte un poco, como quemar algo de esa energía física que te habría enviado directamente a la bandeja de entrada del correo. Una de las lectoras de mi blog dice que

[mi] arma secreta para las conferencias telefónicas que sólo incluyen audio es hacer manualidades, usualmente, bordado en punto

de cruz. Esto mantiene mis manos ocupadas y me impide leer artículos en internet, que es lo que solía hacer antes. Tiene que ser una manualidad que puedas abandonar en cualquier momento y que no exija demasiado. Para mí es mucho más fácil prestar atención cuando tengo las manos ocupadas.

También puedes hacer garabatos. Cuando mi hijo de cinco años, que es muy energético, tomaba su clase virtual y tenía que participar en su tiempo grupal, lo sentaba en mi regazo para que trazara letras. Esto le ofrecía una alternativa a su actividad física preferida que consistía en aventar las cosas de mi escritorio o picar teclas al azar en mi laptop.

Naturalmente, puedes hacer todos los garabatos que quieras para autodirigirte, pero también hay que tomar en cuenta las distracciones que generan otras personas. Cuando el teletrabajo se hace bien, debería haber menos distracciones de este tipo, por eso en la encuesta anual de 2019 realizada por FlexJobs se descubrió que cuando la gente realmente tenía que terminar una tarea, 49% prefería trabajar desde casa y sólo 8% sentía que era más productivo en la oficina a las horas normales de trabajo. Antes de la pandemia yo recibía muchas preguntas respecto a cómo mantener el enfoque estando sentado en un cubículo, pero ahora con el teletrabajo nadie viene a buscarte para hablar de las complejas razones por las que Joe, del departamento de contabilidad, acaba de llegar a la oficina en shorts. De hecho, gracias al teletrabajo o home office puedes desconectarte de las aplicaciones de mensajería, poner tu celular en modo avión y volverte completamente ilocalizable. El problema es que pocas personas desean hacer eso. Quizá no quieren convertirse en el elemento que demore el flujo de trabajo o tal vez temen que su jefe piense que están viendo

Netflix. En cualquier caso, los equipos necesitan trabajar en las reglas de comunicación. Lo ideal es ponerse de acuerdo y establecer horas de silencio y "horas de oficina", y colaboración general y tiempo para el sano cotilleo. De esta manera, si recibes un mensaje en las horas de silencio, sabrás que probablemente sea importante leerlo y que no se trata de los shorts de Joe. Además, si Joe también está trabajando desde casa, ¡nadie puede ver sus shorts de todas formas!

HAZ PAUSAS

Cuando estamos cansados somos más propensos a caer en las distracciones, así que, de la misma manera en que te esfuerzas por evitarlas, también deberías diseñar tu horario de forma proactiva para reconocer tus valles y crestas de energía. La gente más productiva diseña patrones de planeación diaria en los que reconoce cuándo disminuirá su energía, y luego planea descansos reales para esos momentos, es decir, hace pausas en su trabajo común para enfocarse en actividades revitalizantes.

Todas las personas toman descansos, aun cuando no lo admitan. En las oficinas a veces las pausas son mal vistas, y por eso cuando la gente descansa se enfoca en algo que siga pareciendo trabajo. Se mantiene pegada al escritorio, la computadora personal o el teléfono, pero sólo lee encabezados presa del pánico o pierde el tiempo en los dramas de Facebook: actividades que no son nada revitalizantes. Aunque el trabajo a distancia debería implicar menos de estas normas grupales que se imponen cuando se trabaja cara a cara, algunas culturas laborales continúan valorando la disponibilidad hasta el punto en que la gente que teletrabaja elige contratar a alguien que pasee a su perro con tal de no abandonar su escritorio entre 10 y 15 minutos, dos veces al día.

Estoy a favor de contratar a alguien más para realizar cualquier labor que tú no quieras hacer, pero en general los descansos legítimos implican un uso eficiente del tiempo. La mayoría de la gente no va a hacer dos caminatas de 45 minutos el martes por la tarde, pero hay personas que, sin dudarlo, pasarán esa misma cantidad de tiempo leyendo correos electrónicos una y otra vez, distrayéndose con los artículos de carnada que acompañan a las gacetas virtuales, y viendo muebles mecánicamente en potterybarn.com. Es mucho mejor tomarse dos descansos reales de 15 minutos y recuperar esa hora perdida.

Bien, ahora haz una lista con opciones de actividades que te ayuden a elevar tus niveles de energía durante esas pausas breves. Para muchas personas las opciones incluyen actividades físicas, tomar aire fresco, conversar con un amigo, familiar o colega, leer algo relajante, comer y, quizá, tomar de manera responsable una bebida con poca cafeína. Elige varias actividades. Lo ideal es que incluyas por lo menos una física y otra social. Cuando hacemos home office, incluso a los introvertidos nos agrada realizar actividades sociales durante los descansos porque en casa no nos vemos sometidos a la estimulación excesiva que sufrimos cuando estamos en lugares de trabajo atestados de gente.

A continuación te presento un posible horario sólido para trabajar desde casa:

8:30 a.m.-10:30 a.m.	Escribir propuesta para un cliente nuevo
10:30 a.m.-11:00 a.m.	Café en FaceTime con un amigo y luego revisar correos electrónicos

11:00 a.m.-12:00 p.m.	Videoconferencia con el equipo sobre otro proyecto
12:00 p.m.-12:30 p.m.	Conferencia telefónica (¡y garabatos al mismo tiempo!)
12:30 p.m.-1:00 p.m.	Almuerzo con mi cónyuge que también trabaja desde casa y conserva bloqueada esta media ahora
1:00 p.m.-2:50 p.m.	Correos electrónicos/crisis diarias/llamadas para ver cómo va todo/actividades no programadas
2:50 p.m.-3:00 p.m.	Ponerse ropa para correr
3:00 p.m.-3:30 p.m.	¡Correr fuera de casa!
3:30 p.m.-4:00 p.m.	Cambio de ropa y revisión de correo electrónico
4:00 p.m.-4:30 p.m.	Teleconferencia (y más garabatos…)
4:30 p.m.-5:30 p.m.	Realizar cualquier actividad que no se haya concretado en el día, planear el programa de mañana
5:30 p.m.	Hora del aperitivo

Éste es un día productivo. Tiene siete horas de trabajo bastante bien enfocado en las que se incluye la realización de un proyecto importante y especulativo en las primeras horas de la mañana. También hay tiempo para reaccionar y planear. Asimismo, incluye tres pausas: dos sociales y una física. ¿Y acaso hay algo más adecuado para mantener el equilibrio entre vida y trabajo que salir a correr y almorzar con tu cónyuge?

Aquí hay otro horario. Éste es más adecuado para gerentes o directores:

6:30 a.m.-8:30 a.m.	Diseñar el presupuesto ideal del departamento para el próximo año
8:30 a.m.-9:30 a.m.	Desayuno con la familia, llevar a los niños a la escuela (clases virtuales o presenciales)
9:30 a.m.-12:00 p.m.	Pendientes diarios, preparación para reuniones de la tarde, disponibilidad para seguimiento con reportes directos
12:00 p.m.-1:00 p.m.	Clase de yoga a la hora del almuerzo (comer algo rápido al final)
1:00 p.m.-3:00 p.m.	Tres conferencias de 40 minutos consecutivas con los equipos 1, 2 y 3
3:00 p.m.-3:15 p.m.	Comer una botana y sentarse en el jardín respetando un silencio bendito
3:15 p.m.-4:00 p.m.	Realizar cualquier actividad que no se haya concretado en el día, planear el programa de mañana
4:00 p.m.	¡Regreso de los niños!

Este horario también contiene siete horas de trabajo sólido e incluye temprano por la mañana una sesión de trabajo enfocado que le permite a nuestro director o gerente completar un proyecto antes de que la gente empiece a hacer preguntas. La clase de yoga y el tiempo en el jardín son la base de tranquilidad que sostiene sus intensas reuniones, y le permiten administrar su energía en un periodo que, de otra manera, se convertiría en un valle energético.

Si te gusta trabajar por las tardes y las noches, no hay problema. James Hickey, de Spearhead Capital, nos explica que, como sus hijos son adolescentes o adultos jóvenes y no requieren de supervisión por las noches, él a menudo trabaja tres horas en la mañana, hace una pausa prolongada, trabaja tres horas más en la tarde, toma otro descanso, y luego trabaja dos horas más después de la cena.

Si tu horario es variable, no necesitas ser demasiado estricto con tus pausas breves, sólo asegúrate de dejar espacio en algún momento. Yo te sugeriría bloquear de manera consciente un periodo más prolongado para la hora de la comida o el almuerzo. No es forzoso que comas en ese tiempo: tal vez prefieras hacer un poco de ejercicio, practicar un instrumento musical o algo así. También puedes dividir ese periodo. Cheryl K. Johnson me dice: "Llevo algún tiempo practicando lo que yo llamo 'estilo de vida de lonchera': tomo un descanso de media hora en el que puedo aprovechar 15 minutos para disfrutar de comida hecha en casa, y los otros 15 para enfocarme en un proyecto personal que no llevaría a cabo de ninguna otra manera, como por ejemplo leer, dibujar, salir o aprender italiano". Algunas personas se sentirían raras practicando su pronunciación italiana en voz alta en la oficina, pero recuerda que en casa no te puede ver nadie. Si los administras de manera adecuada, estos prolongados periodos pueden ofrecerte una excelente oportunidad de aprender y crecer.

MANTÉN LIBRE UN DÍA O ALGUNAS HORAS DIARIAS

Excepto por la tarea de planear la siguiente semana, trato de nunca asignarme trabajo para los viernes. A cualquier cosa que tenga que hacer le otorgo un espacio antes de que termine el jueves.

Esto no significa que me tome los viernes, sino que tengo ese espacio abierto como amortiguador para absorber cualquier excedente que se produzca los otros días. Si algo toma más tiempo de lo previsto, el trabajo adicional se puede hacer antes de que llegue el fin de semana. Por ejemplo, si una crisis agota tu martes, el trabajo que originalmente harías ese día lo puedes reprogramar para el viernes. Si te resulta imposible mantener un día entero abierto, y reconozco que es particularmente difícil para la gente que trabaja con muchos colegas, bloquea algunas horas cada día y déjalas abiertas. Un consejo especial para gente con muchas citas: programa las de la mañana cada hora, las de la tarde cada media hora; y sáltate el espacio de las 12:30 p.m., así te garantizarás 90 minutos abiertos que puedes usar para almorzar y absorber los retrasos y emergencias de la mañana. El espacio adicional es lo que le permite a la gente no rezagarse. "¡Es que se me presentó algo!" no es una verdadera excusa porque *siempre* se presenta algo. A las 9:00 a.m. muy pocos saben todo lo que tendrán que atender para las 5:00 p.m. Aunque se les presenten imprevistos, los profesionales que dirigen su propio trabajo invariablemente entregan en sus fechas límite porque saben que ese nivel de confiabilidad es lo que hace que la gente se pelee por trabajar con ellos.

Me gusta pensar que ese espacio abierto es una suerte de "fondo de emergencias temporales", es decir, como ese dinerito que ahorras y evita que la reparación del techo se convierta en un obstáculo insalvable. Esta analogía, sin embargo, viene acompañada de una advertencia: es imposible ahorrar tiempo. Esa semana que dejaste abierta en 2006 no la puedes cobrar con intereses en 2021. Claro que, si hablamos de un marco temporal más breve, puedes usar tus fondos. Si tienes dos horas abiertas el jueves y te sientes genial, puedes terminar algunas de las labores asignadas para el viernes o la semana siguiente. También puedes "canjear" tiempo con otras personas. Si le ayudas a un colega en apuros, él o ella te echará la mano el día que sólo tengas cuatro horas para realizar el trabajo de seis, y de esta manera seguirás estando al día.

TERMINA BIEN

Así como tu día necesita un buen inicio, también necesita un buen final. Resulta curioso, pero aunque muchas empresas instituyeron el checado de tarjeta a las 9:00 a.m. durante la era del distanciamiento social, pocas mantuvieron las ceremonias de despedida en Zoom a las 4:45 p.m. para indicar que el día había terminado.

Me parece que ésta es una oportunidad desperdiciada porque el progreso sostenible exige detenerse antes de estar agotado por completo: sólo de esta manera puedes sobrevivir para seguir trabajando un día más.

A mucha gente que trabaja desde casa le parece útil instituir sus propios rituales para marcar el fin del día. Cada vez que termines tu lista de tareas y constates que ya acabaste, haz algo para cerrar la sesión. Escribe la lista de "tareas cumplidas"; revisa la lista de pendientes para el día siguiente; medita cinco minutos o escribe en tu diario; o haz lo contrario del falso traslado a la oficina que estableciste para las mañanas. Colócate en el estado mental correcto para continuar con el resto de tu vida. El fotógrafo y productor de podcasts Matt Altmix nos cuenta que la última media hora antes de que den las 4:30 p.m. y acabe su jornada laboral la usa para realizar tareas que no exijan grandes hazañas mentales. (Vaya, ¡tal vez por eso me pidió que conversáramos a las 4:00 p.m.!) "Si estoy haciendo lluvia de ideas hasta la hora de salida, me resulta difícil desenganchar mi cerebro y estar presente con mi familia —comenta—. Sé que si tengo que lidiar con algo en verdad estresante hasta las 4:30 p.m., llevaré ese estrés conmigo a mi vida personal, y no me parece justo para ellos." Otro consejo: Matt lleva un registro de su tiempo con una aplicación llamada Clockify, y justo a las 4:30 p.m. da clic para cambiar sus actividades.

"Esto le indica a mi cerebro que acabamos y que vamos a cambiar de velocidad en ese preciso momento."

Debo confesar que en este aspecto no siempre he seguido mis propios consejos. Durante muchos años, hasta que no aprendí a delegar más el cuidado de mis hijos, terminaba de trabajar y me sumergía de lleno en la locura que implicaba atenderlos. La justificación que me daba para dejar la laptop abierta y "esperarme a mí misma" era que a menudo planeaba seguir trabajando cuando los niños se fueran a dormir. He descubierto, sin embargo, que incluso si haces este tipo de "turno dividido", tomarte un momento para el descanso y la relajación puede ayudar a que la transición sea menos tensa. Cuando mi adorada MacBook Pro terminó frita porque siempre la tenía encendida, empecé a apagarla como a las 7:30 cada noche. Puedo volver a encenderla, claro, pero a veces pienso mejor las cosas y en lugar de eso tomo un libro y leo un poco.

LOS NIÑOS Y LOS RITMOS DIARIOS

Si tienes que cuidar a niños pequeños, resulta de particular importancia hacer coincidir el trabajo y el tiempo correctos. A largo plazo, la gente que trabaja desde casa y tiene niños necesita ayuda para cuidar de ellos durante sus horas de oficina (pero éste es un tema del que hablaré más adelante). Recientemente, sin embargo, el hecho de que las escuelas y guarderías cerraran durante la pandemia provocó que mucha gente tuviera problemas y tratara de encontrar maneras de trabajar al mismo tiempo que supervisaba a sus niños.

Espero que para cuando leas esto todos hayan reanudado sus arreglos usuales para el cuidado de sus niños o encontrado nuevas maneras de trabajar a pesar de las restricciones. Toma en cuenta, sin embargo, que las emergencias infantiles les pueden suceder tanto a la gente que trabaja desde casa como a quienes lo hacen en una oficina. Las personas que trabajan desde casa de manera exitosa tienen un plan de cobertura a largo plazo, ya sea para enfrentar días con mal clima, en caso de que la niñera se enferme, o si la guardería tiene que cerrar.

Si tienes niños mayores, de nueve años en adelante, y deseas programar un día de trabajo razonablemente enfocado sin necesidad de ayuda con el cuidado infantil, necesitas establecer reglas muy claras respecto a tu disponibilidad. Si los niños saben que estarás disponible para ellos antes de las 9:00 a.m. y de las 12:00 p.m. a la 1:00 p.m., y que a las 4:30 p.m. empezarás a jugar un maratón de *Fortnite* con ellos, pueden desarrollar cierta disciplina y no estar tocando la puerta de tu oficina en otros momentos. En caso de que lo olviden, coloca un letrero rojo que diga "Alto" en la puerta.

Desafortunadamente esta disciplina no se desarrolla sino hasta los años de la preadolescencia, y aun entonces no funciona al 100%, pero al menos te ofrece un sistema más razonable. Durante la pandemia, la estrategia que aplicó la mayoría de la gente con niños demasiado pequeños para cuidarse a sí mismos consistió en intercambiar horas de cuidado compartido. Esto limita las horas de ambos integrantes de la pareja, pero es la solución más sostenible y justa. Si se planea bien el trabajo, puedes ser razonablemente productivo unas cinco o seis horas al día y aprovechar algunos ratitos en distintos momentos. Una lectora de mi blog que se desempeña en el ámbito académico desarrolló un sistema familiar que le permitía trabajar de 1:00 p.m. a 5:30 p.m. mientras su pareja la cubría, y luego de 7:30 p.m. a 8:30 p.m.

La clave para mí fue usar el bloque de la noche para el planeamiento —comentó en el blog—. Defino lo que necesito escribir para el día siguiente, y luego, cuando me siento en mi escritorio a la 1:00 p.m., estoy lista para escribir. Además, en el bloque entre la 1:00 p.m. y las 5:30 p.m., no administro ni leo correos electrónicos, sólo escribo e investigo. Usualmente puedo tomar algunos minutos para leer correos o atender cuestiones administrativas los fines de semana, o cuando mi hijo está ocupado jugando en la mañana.

La lectora comenta: "He descubierto que proteger ese tiempo resulta bastante útil".

Si ninguna de las dos partes se puede comprometer a un horario regular de intercambio de cuidado infantil, ambos pueden analizar sus agendas la noche anterior y decidir quién cubrirá ciertas horas o cuándo necesitarán encender la pantalla para el maratón de Daniel Tigre. Una caja escondida de juguetes conocidos, con uno nuevo entre ellos, sacada justo antes de esa llamada importante, podría mantener a los niños ocupados. Si corres un rato con un niño pequeño en el parque, cuando regresen a casa se sentirá más inclinado a desplomarse en el sofá o a jugar con sus juguetes. De ser necesario, un niño mayor, de nueve años o más, podría ayudar a sus padres. Para marcar la diferencia entre esta tarea y las comunes advertencias como: "¡Ve a jugar con tu hermana!", podrías pagarle a tu hijo con una divisa que él o ella valore, como dinero en efectivo o tiempo en el iPad. También puedes aprovechar las primeras horas de la mañana, las horas al despertar y el tiempo de la siesta, en especial si te encuentras solo. Si sólo un integrante de la pareja trabaja en casa y termina cubriendo la mayor parte del cuidado infantil de emergencia, el otro puede cubrir los fines de semana. Hace varios años, durante un invierno particularmente nevado, terminé usando los domingos para hacer todo mi trabajo semanal que requería concentración y enfoque, mientras mi esposo se hacía cargo de los niños. De esa manera, aunque él tuviera que viajar en la semana, la escuela estuviera cerrada debido a las ventiscas, y nuestra niñera no pudiera venir a trabajar a causa del clima, yo de todas formas avanzaba en los proyectos a largo plazo.

Gracias a que dirijo mi propio negocio, ejerzo cierto control sobre mis horarios, pero no todos tienen esta ventaja. También sé que las comparaciones entran en juego incluso si la cantidad de trabajo realizado es objetivamente razonable. Durante el distanciamiento social llegué a escuchar a ciertos padres comentar que sus colegas que no tenían hijos trabajaban más horas sólo porque estaban aburridos. Asimismo, a muchos padres les preocupó que el hecho de tener que escolarizar a sus hijos en casa o cumplir con las exigencias del horario de un bebé los hiciera parecer holgazanes. Una persona incluso me dijo que estaba considerando renunciar, ¡porque no le agradaba entregar trabajo menos que perfecto!

No estoy segura de cómo resultaron las cosas para esa persona, pero espero que no haya renunciado porque un trabajo menos que perfecto continúa siendo un buen trabajo. Desde la perspectiva del empleador, a largo plazo preferiría conservar a un elemento sobresaliente que se ve obligado a entregar trabajo menos que perfecto durante seis meses, que verlo partir. Sé que durante la pandemia mucha gente sólo trató de ir sobreviviendo y actuar como si nada malo sucediera, pero yo sugeriría tener valor y ser transparente respecto a *las razones* por las que estás entregando un trabajo de mediana calidad. Es mejor hacerles saber a tus colegas que en la mañana desde temprano tienes que cuidar a un bebé que gatea, pero que estarás feliz de trabajar como demonio toda la tarde, y que prefieres que dejen de enviarte tareas, de contactarte, y de hacer tu vida (y la de tu bebé) miserable a lo largo de la mañana.

También te diría que, aunque tal vez algunos colegas sean sumamente ambiciosos, se supone que forman parte del mismo equipo que tú, así que, si hay alguien que no tiene responsabilidades ni la obligación de cuidar niños y quiere trabajar más horas, ¿por qué no sólo… sentirte feliz al respecto? En un mundo ideal, todos contribuimos en la medida de nuestras posibilidades. Tus colegas contribuyen en horas y tú lo haces de otras maneras, ya sea a través de algunas formas estandarizadas del capital profesional como la experiencia y los contactos, o de otro modo, como cada vez que comienzas una videoconferencia con la cita perfecta para alegrar el día. Con el paso del tiempo podrás compensar la situación y todo estará bien.

VIVE LA VIDA

La sección anterior fue dirigida específicamente a los padres, pero ésta es más general. Antes de la pandemia yo dirigía talleres de administración del tiempo en retiros anuales organizados por varias empresas virtuales. En los retiros, que eran presenciales, los asistentes y yo analizábamos sus horarios y debatíamos sobre cómo mejorarlos. No pasó mucho tiempo antes de que notara que la gente con niños, o responsable del cuidado de otras personas, les ponía mucha más atención a los rituales para finalizar la jornada, que el resto del grupo. Resulta lógico: alguien tiene que hacerse cargo de recoger a los pequeños de la guardería, esperar el autobús escolar o enviar a la niñera a casa. En cambio, la gente que vivía sola o con compañeros que no eran sus familiares con frecuencia permitía que las horas de trabajo se extendieran hacia la noche y el fin de semana.

Lo sé por experiencia propia. Desde aquel tiempo en mi departamento en el este de Manhattan, cuando empecé a trabajar desde casa, las tardes se me iban en una combinación de trabajo y navegación en la red. No estaba relajada y tampoco avanzaba mucho en mis labores. Ese ciclo llegó a su fin cuando me uní a tres coros comunitarios. Los coros tenían ensayos programados en noches distintas, y eso significaba que lunes, martes y jueves tenía que dejar de trabajar a las 6:00 p.m. para ir a algún lugar. Esto me volvió mucho más eficiente e hizo que me apegara a un horario más regular para bañarme.

Incluso si tienes mucho trabajo, que no te dé miedo hacer compromisos no relacionados con lo laboral. Únete a un equipo de futbol, inscríbete para servir semanalmente en un comedor para personas indigentes, o haz una cita con un entrenador personal a las 7:30 p.m. los martes y los jueves. Te aseguro que tú y tus colegas respetarán más un compromiso formal que el deseo general de dejar de trabajar en algún momento. Si adquieres compromisos, tendrás que tomarlos en cuenta a la hora de planear tu energía y flujo de trabajo. Incluso en las situaciones de distanciamiento social hay opciones: puedes tener una videoconferencia para platicar con amigos cada jueves, fijar una cita a las 6:00 p.m. con tu jardinero para trabajar una hora antes del atardecer o ver por internet un servicio religioso vespertino.

Adopta la misma mentalidad para los fines de semana. No te diré: "No trabajes ni sábados ni domingos", porque sé que todos necesitamos hacerlo en ocasiones. Muchos deseamos abordar algún proyecto grande o especulativo, pero si no contamos con indicadores claros de tiempo, el miércoles y el domingo pueden terminar siendo exactamente iguales. En lugar de utilizar todo el fin de semana, realiza tus proyectos en periodos designados, como, por ejemplo, el sábado por la mañana o el domingo después de las 7:00 p.m. Tómate tiempo para planificar también actividades divertidas como un paseo en el campo o un elaborado proyecto de repostería. Para establecer un ritmo satisfactorio no sólo necesitamos trabajar menos, también debemos tener una vida agradable fuera del trabajo. Créeme, vale mucho la pena hacer esto bien.

3

Forma tu equipo

Hasta antes de marzo de 2020 escuché muchas versiones distintas de este argumento en contra del trabajo flexible y a distancia:

- La gente necesita formar relaciones para trabajar bien en equipo
- La mejor manera de formar relaciones es estar frente a frente

Aunque ambas afirmaciones son ciertas, hay otras cosas que debemos tomar en cuenta. Muchos tenemos relaciones profesionales cercanas con gente que no está con nosotros en el mismo edificio de oficinas 40 horas a la semana. A lo largo de los años sólo he visto unas 12 veces en persona a Sarah Hart-Unger, mi coanfitriona del podcast *Best of Both Worlds*. Sin embargo, gracias a la tecnología hemos logrado construir juntas una empresa. Nuestras videollamadas de cada una o dos semanas, y los muchos correos electrónicos y mensajes de texto que las complementaron, bastaron para que pudiéramos colaborar. Efectivamente, los días que grabamos, mientras entramos y salimos de SquadCast, y nos enviamos y recibimos mensajes de texto o nos vemos en

FaceTime, a veces olvido que todas nuestras interacciones son virtuales y que ella está en Florida y no sentada en una oficina al final del pasillo.

Lo más importante es que el trabajo no tiene por qué ser o esto o aquello. Lo virtual no excluye la colaboración presencial, son formas complementarias. De hecho, tengo la sospecha de que cuando la pandemia se vaya quedando en el pasado, muchos empleadores llegarán a un acuerdo que le permita a la gente trabajar en la oficina dos o tres días a la semana, y otros dos o tres desde casa. Algunos decidirán que pueden laborar de forma virtual casi completamente, con una mezcla que dependerá de lo que resulte más valioso para cada empresa.

Ambas modalidades pueden funcionar y fomentar verdadera confianza y colaboración. Así es, estructurar el trabajo para que sea flexible, en especial en términos de la ubicación, puede ser una ventaja estratégica para los líderes visionarios que desean construir un gran equipo y una red de trabajo robusta y amplia. Muchos también pueden aprovechar algo de la flexibilidad que les ofrece el teletrabajo para formar sus propios "equipos" con cualquier persona que desee verlos triunfar. En este capítulo hablaré de estrategias que tanto los empleados como los directores o gerentes pueden usar para enriquecer sus contactos, no a pesar del trabajo a distancia, sino en muchos casos, gracias a él.

Es por esto que me niego a aceptar la idea de que trabajar desde casa pueda generar un ambiente necesariamente menos colaborativo que cuando se trabaja tiempo completo en la oficina. Para empezar, la colaboración es más efectiva con la gente que en verdad es muy buena en lo que hace, lo cual resulta una ventaja obvia para los directores o gerentes que permiten que los empleados hagan home office: tu grupo de gente talentosa no se limita a quienes viven a menos de una hora de distancia de ti. Si los empleados fueran a la oficina sólo dos veces por semana, podrías duplicar este radio. Y si tienes la expectativa de que el trabajo presencial se realice sólo una semana al mes, entonces puedes contratar a gente que esté en prácticamente cualquier lugar. Sólo considera que, dados los costos que implica viajar, si tu equipo está lejos de ti, sería preferible reunirse una semana al mes en vez de un día a la semana.

El home office, además de extender el radio de contratación de las empresas, se convierte en una ventaja importante en el momento en que los candidatos eligen a su empleador. Gracias a diversas encuestas se ha descubierto que una buena cantidad de individuos está dispuesta a cobrar un salario menor con tal de poder trabajar desde casa. Esto significa que, si eres empleador, el trabajo a distancia te permitirá contratar gente competente a un precio excepcional. O en todo caso, que el dinero que te ahorres en bienes raíces lo podrás utilizar para atraer a la crema y nata de los profesionales. Amy Laski explica que fundar Felicity, su agencia de relaciones públicas, consistió en buena medida en ofrecerles a profesionales experimentados la oportunidad de tener un excelente equilibrio entre vida y trabajo. "Nuestra estructura virtual permite que nuestros clientes 'inviertan en cerebros, no en instalaciones'", explica Amy.

Una vez que has atraído a los mejores profesionales, tendrás que conservarlos. Here Comes the Guide aceleró la transición al home office cuando dos de sus más valiosas integrantes tuvieron que mudarse debido a los empleos de sus parejas. "Nos preguntamos: '¿Perdemos a estas dos colaboradoras o encontramos la manera de que continúen trabajando para nosotros?' —explica Meredith Monday Schwartz—. La respuesta era obvia." Si permites que tus empleados laboren desde cualquier lugar, tendrás un índice de reemplazo menor. Además, entre mejor sea la comunicación con tu gente, más fuertes serán las relaciones de confianza que generan los buenos resultados en el trabajo.

Por supuesto, cuando no estás en el mismo edificio con tus colegas, clientes y futuros colaboradores, necesitas más atención y consciencia para fortalecer tus relaciones con ellos. La buena noticia es que, aun trabajando desde casa, hay muchos pasos prácticos que puedes dar, tanto virtuales como presenciales, para promover estos vínculos. Una relación es mucho más sólida cuando la abordas de forma consciente y cuidadosa, que cuando la das por sentado. A continuación te diré cómo los líderes inteligentes forman los equipos profesionales que les ayudarán a tener éxito en la oficina, o en casa cuando sea necesario.

REPRODUCE EL AGRADABLE AMBIENTE
ALREDEDOR DEL STAND DE CAFÉ EN LA OFICINA

La "hora feliz" en Zoom se convirtió en el lugar común de la pandemia. Y sí, yo he visto a mi propio esposo pasearse por la casa con su laptop y una copa de whisky. Los lugares comunes, sin embargo, surgen por una razón, y lo que hemos descubierto quienes teníamos cuentas profesionales de Zoom desde antes de marzo de 2020 es que para la mayor parte de los asuntos relacionados con pequeños grupos de negocios (es decir, ¡cuando el objetivo de tu reunión no es que los participantes se puedan tocar entre sí!), verse los rostros funciona 75% casi tan bien para establecer vínculos y fomentar relaciones, como encontrarse en persona. Claro, tienes que lidiar con algunos ligeros desfases de audio, pero es algo que se puede arreglar con un poco de buena voluntad. Como las videoconferencias también impiden en buena medida la realización de muchas tareas a la vez o *multitasking*, deberían ser la primera opción de cualquier teletrabajador, en lugar de las llamadas exclusivamente de audio.

Para aprovechar al máximo la interacción social que permiten las videoconferencias, asegúrate de empezar tus reuniones virtuales con algunos minutos de charla. De todas formas, la gente tenderá a conversar un poco, y si incluyes esta etapa en la agenda, te estarás asegurando de considerarla parte de la reunión. Algunos organizadores prefieren abrir la sesión unos minutos antes del inicio formal y alentar a la gente a hablar un poco, pero a mí me gusta reconocer oficialmente que fortalecer los vínculos es uno de los propósitos de cualquier reunión. Quien modere puede hacer una pregunta social y usar los nombres de las personas para que la gente sepa quién se supone que está hablando. De esta manera todas las voces serán escuchadas. Naturalmente, durante las reuniones también se socializa de manera informal o a través de canales secundarios. Una lectora de mi blog comentó que ella incluso hace un esfuerzo y llama "a algunos colegas después de las reuniones para reproducir el cotilleo sano y las charlas que tienen lugar cuando la gente va saliendo de una sala de juntas al mismo tiempo". Si estando en la oficina hubieras hecho una broma camino al baño, o si hubieras apartado a un colega para decirle algo en privado, estando en casa también puedes llamarle para hacer tu comentario. Las aplicaciones de conversación interna te ofrecen esta opción, pero toma en cuenta que tus mensajes podrían terminar siendo visibles para los demás participantes.

Aunque la hora feliz en Zoom puede ser divertida, las empresas que piensan en serio respecto al trabajo a distancia suelen darles

a estas reuniones un objetivo más preciso. Maria Le Blanc trabaja en el ámbito de la recaudación de fondos y nos cuenta que ella
formó un equipo para un club de lectura en el que se leen libros
relacionados con su industria. "Esto nos permite reunirnos para
una conversación más informal que tiene un aire de taller de desarrollo profesional, pero que también califica como charla trivial/
vinculación", explica.

También puedes "almorzar" con colegas u otros contactos de
forma virtual, sólo tienes que, bueno, pues comer al mismo tiempo que él o ella. Y si quieres tener un detalle con tu colega, puedes pagar su orden a través de alguna aplicación como Seamless.
La primera vez que almorcé mientras tenía una videollamada me
pareció algo increíblemente extraño, pero luego me di cuenta de
que era porque podía verme a mí misma comiendo, y eso no sucede en un restaurante a menos de que haya espejos. Pero piénsalo:
tu colega también se puede ver a sí mismo comiendo en tiempo
real. Así que, a menos de que seas descuidado al comer, no hay
necesidad de sentirse incómodo. Sólo oculta tu propia ventana
para no verte y todo estará bien.

Desde las clases de yoga hasta las discusiones sobre crianza de
los hijos a la hora del almuerzo, en una videoconferencia puede
suceder casi cualquier cosa que se habría hecho en persona. Puedes enviarles botellas de vino a tus empleados y organizar una
cata. Puedes enviarle un pastel de cumpleaños a un empleado y
luego cantarle las mañanitas, aunque la mejor opción es tener pie-
dad de tus colegas y asignarle esta misión a la persona que dominó
el karaoke en la fiesta de Navidad. Sólo pon como excusa que los
programas de videoconferencia no funcionan bien para transmitir
varias voces simultáneamente. A veces las opciones virtuales son
más sencillas que sus equivalentes presenciales. Yo soy fanática de

las visitas virtuales al home office como las que, según Erin Ruane, vicepresidenta *senior* de mercadotecnia y ventas de bienes raíces en homes.com, empezó a organizar su empresa durante la pandemia. Los empleados mostraban sus espacios de oficina, sus hogares en general, e incluso presentaban a los miembros de su familia. Y cuando ya todos conocieron al hijo más pequeño o a la mascota a través de Zoom, su inesperada aparición en la pantalla puede propiciar una agradable catarsis grupal. Todos tenemos curiosidad sobre cómo son las casas o departamentos de la gente con la que trabajamos, pero invitar a 12 personas o más a casa para tomar un trago no es nada casual. En cambio, con una toma rápida con la cámara de tu laptop puedes presumirle un jardín o tus habilidades para armar libreros de IKEA a esa misma cantidad de personas sin tanto esfuerzo.

La clave de cualquier evento social virtual es que haya un moderador o facilitador. Alguien que conceda la palabra y use los nombres de la gente para marcar pautas de entrada claras, de la misma manera en que un anfitrión refinado se aseguraría de que la conversación fuera inclusiva y atractiva para todos durante la cena. Entre menos gente, mejor. En un bar puedes reunir a 25 personas e ir pasando por las conversaciones de los pequeños grupos que se forman, pero en una reunión en video es más difícil hacer esto. (Aunque, para ser honesta, a veces me he quedado conversando con una sola persona todo el tiempo a pesar de que se supone que los eventos en vivo son para que conozcas a varias. Estoy segura de que a ti también te ha sucedido.)

En resumen, si quieres tener una agradable conversación virtual, toma en cuenta que dirigirla será igual de difícil que cuando hay 12 personas en la mesa de un restaurante y, por lo tanto, lo mejor es separarlas en grupos más pequeños y luego mezclarlos como si se tratara de una cena por turnos en la que la gente se cambia de lugar a la hora del postre.

Estas opciones sociales a través de internet pueden funcionar, pero a largo plazo la gente dejará de depender tanto de ellas porque, cuando el mundo ya no tenga que enfrentar una pandemia, los equipos virtuales podrán y deberán reunirse en persona. Si vas a la oficina un día a la semana o si todos se reúnen tres días al mes, usa ese tiempo para desayunos, cafés, almuerzos y varias "happy hour". El trabajo básico se puede realizar desde cualquier lugar, así que el tiempo que la gente esté reunida en persona deberá aprovecharse para lo que resulta más apropiado: fortalecer las relaciones personales. Yo añadiría que las relaciones pueden ser mejores si el tiempo de reunión presencial se planea de forma consciente con base en la interacción social, que si todos dan por hecho que para fortalecer los vínculos basta con sentarse lado a lado en actitud pasiva el día de la junta.

Amy Laski dice que el Retiro Urbano anual de un día de la agencia Felicity prepara el escenario para las interacciones del equipo a lo largo del año porque la gente "puede, literalmente, relacionar un nombre con el rostro que le corresponde". Estas reuniones no tienen por qué implicar que la gente viaje en avión a Fiyi, pero si pueden darse ese lujo, ¡adelante! Como la mayoría de los integrantes del equipo de Amy está ubicada en la zona de Toronto, pueden realizar ahí actividades como apoderarse de una escuela de cocina, completar un circuito de cuerdas, o visitar un antiguo taller automovilístico transformado en comuna artística. "Sé que si logro que el formato y la organización del tiempo (comenzar después de las 9:00 a.m. y terminar alrededor de las 4:00 p.m.) sean favorables para el estilo de vida de la gente del equipo, la interacción durante el retiro será excelente —explica Amy—. Por último, para aprovechar al máximo el tiempo que pasamos juntos, tratamos de reducir al máximo el tiempo de traslado de la casa al lugar del retiro."

PONTE EN CONTACTO CON OTROS

Si la mejor manera de formar relaciones es cara a cara, trabajar en cubículos tiene una ligera desventaja de la que pocas veces se habla. Cuando se pasan 40 horas a la semana en una oficina, se invierte una cantidad excesiva de tiempo conviviendo con un pequeño grupo de gente, y tal vez incluso llegan a disminuir los rendimientos de la inversión. De manera inversa, el tiempo que se invierte en muchas otras personas que también podrían ser útiles en el aspecto profesional es muy poco. Si trabajas en una oficina, puedes almorzar con tus compañeros de trabajo, pero si no pasas 40 horas a la semana ahí, es más fácil reunirse con personas que no sean tus compañeros inmediatos, lo cual, por cierto, deberías hacer.

En su libro *Face to Face*, el productor Brian Grazer atribuye buena parte de su éxito profesional a sus "conversaciones por curiosidad". Grazer invita a una persona fascinante a cenar, sólo para conocerla, sin un propósito específico en mente. Muchos no podemos darnos el lujo de ir a restaurantes de moda con regularidad, y sabemos que Eminem tampoco nos devolverá una llamada, sin embargo, casi toda la gente puede programar por lo menos un almuerzo o un café a la semana con alguien a quien valga la pena conocer mejor. Esto le da estructura al día, propicia una pausa social y amplía la red de contactos. Cualquier reunión podría resultar más agradable que útil, pero este hábito tiene que ver más bien con la disciplina. Si en un año te tomas un café con

50 personas distintas, alguien terminará presentándote a un nuevo cliente para tu empresa o enviando su currículum cuando se lo pidas. Si no te es posible llevar a cabo las "conversaciones por curiosidad" en persona, hazlas de forma virtual. Esto extenderá tu alcance a gente que viva a más de una hora de distancia de ti, y así no necesitarás esperar hasta que un contacto viaje a tu ciudad para conocerlo.

Para programar estos cafés y almuerzos necesitas crearte el hábito de contactar a la gente. Ponte como propósito enviar un mensaje a una persona distinta cada día laborable. Hay todo tipo de razones legítimas para hacerlo: leíste un artículo sobre la organización de esa persona; acabas de hablar con un amigo mutuo; o viste en Facebook que se acercaba el cumpleaños de esa persona y decidiste contactarla con un mensaje en lugar de sólo indicar *me gusta* en su foto de cumpleaños, lo cual resulta muy impersonal. Suscríbete a boletines informativos de tu industria y contacta a los conocidos que veas mencionados para felicitarlos. Reúnete con gente interesante que te parezca que también pertenece a la categoría de lo "personal". Aquí las fronteras siempre son algo borrosas, pero considera que tanto tus vecinos como los otros feligreses de la iglesia y los padres de los amigos de tus hijos tienen redes de contactos. Toda la gente debería hacer estas cosas, incluso la que trabaja en el mismo cubículo cinco días a la semana. Contradictoriamente, he descubierto que las personas que trabajan de tiempo completo en oficinas tradicionales a menudo sienten que ya han ampliado su red de contactos de manera suficiente porque ¡pasan todo el día con gente de su industria! Eso funciona… hasta que deja de funcionar. Recuerda que pocos empleos están 100% garantizados. Si tu empresa llega a realizar despidos masivos, ninguno de tus compañeros de trabajo desempleados será tan útil como el líder del grupo de Scouts de tu hijo, cuya esposa es directora financiera de otro empleador de alto nivel en tu ciudad.

Claro, algunas personas que hacen home office se quedan todo el día sentadas en casa, y créeme que sé que es una tentación enorme, pero si no vas a tener que perder tiempo en transportarte a la oficina y regresar a casa, y si no se están aplicando esas reglas de la oficina que te hacen sentir obligado a explicar a dónde vas si tienes que ausentarte 40 minutos antes de la hora de salida para tener una "conversación por curiosidad" antes de recoger a tus hijos en la guardería, te aseguro que, si la idea te atrajera, podrías ampliar tu red de contactos. Es lo que hacen los teletrabajadores visionarios.

REÚNETE

Si no estás en una oficina todo el tiempo, las reuniones profesionales cobran aún mayor importancia, pero como con todas las cosas, lo mejor es que las abordes de manera consciente.

Tomemos las conferencias profesionales como ejemplo. Cuando empecé a ir a conferencias descubrí que eran increíblemente frustrantes porque escuchar un panel de discusión puede ser la manera más ineficaz de recabar información. Más adelante me enteré de que el formato del panel continúa vigente porque les permite a los organizadores invitar a ponentes mucho más reconocidos a la conferencia sin comprometerse a ofrecer un espacio para un orador central. Casi siempre el trabajo real en una conferencia se hace al margen de la programación formal.

Si la abordas de la manera correcta, una conferencia es en buena medida una oportunidad de reunirte en persona con gente que tal vez ya conozcas de forma virtual. A mí me agrada programar un café con personas con las que me gustaría tener una plática personal e individual. A diferencia de, no sé, las citas a ciegas, por ejemplo, este tipo de reuniones sociales las puedes realizar de manera consecutiva, y si llegan a traslaparse, puedes presentar a las personas que vayan llegando. Poco después del inicio de la conferencia suelo plantarme unas dos horas en el bar de un hotel, contactar a cualquier persona que conozca de forma superficial e invitarla a reunirse conmigo. Muchas vendrán acompañadas de un amigo o amiga, lo cual es genial porque ponerte en contacto con gente que tus conocidos profesionales consideran valiosa es un beneficio adicional.

También puedes organizar un evento sencillo tú mismo. Si vas a estar en una ciudad por cuestiones de trabajo, piensa en las personas que conoces ahí. Habla con tus amigos y pídeles referencias de gente local hasta que confirmes entre cuatro y seis invitados. Organiza una cena casual en algún lugar e investiga un poco sobre los antecedentes de los participantes para que puedas guiar la discusión hacia temas de interés mutuo. Si no hay química, pues vaya, es sólo una noche y seguramente la cena será mejor que la comida tibia del *room service*. Pero piénsalo, ¡podría ser divertido! Y si tú o alguien a quien amas tiene algo que celebrar, organiza una fiesta. Claro, es bastante trabajo, pero ¿y qué? ¿Exactamente para qué estás guardando tu energía? En un día o dos todos estarán descansados de nuevo y tu casa estará limpia. Y si no, puedes contratar un pequeño salón y salir de ahí sin tener que lavar los platos sucios. Lo mejor de todo es que conservarás recuerdos de haber compartido un momento profundo con gente a la que le importas, y eso siempre vale la pena. En esencia, siempre es bueno invertir tiempo en la gente.

HAZ CRECER TU EQUIPO

En tiempos normales, si estás reclutando gente para tu equipo a distancia, querrás personas que piensen que hacer home office es un beneficio adicional. Lo mejor será buscar profesionales que trabajen bien con un poco de ambigüedad. Meredith Monday Schwartz, directora de Here Comes the Guide, dice que en las entrevistas busca candidatos "que sean mucho más estrictos consigo mismos de lo que yo podría serlo. Siempre busco ese rasgo. Gente que sienta que no deberías pagarle por un trabajo menos que perfecto". En muchas ocasiones, lo mejor es buscar profesionales avezados que, debido a su estilo de vida, tengan razones para preferir el home office. O tal vez que tengan una combinación interesante de personalidad y dinámica familiar. Anne Bogel de Modern Mrs. Darcy hizo una encuesta entre los miembros de su equipo y descubrió que, de las 10 mujeres que había en él, todas eran hijas mayores.

Dicho lo anterior, yo agregaría que uno libra sus batallas con el ejército que tiene. Las empresas que no habían construido la infraestructura de su negocio con base en el trabajo a distancia, de todas maneras, encontraron la forma de salir adelante durante la pandemia. Algunas personas requieren que las controles más, en especial al principio, pero todos pueden aprender a autodirigirse mejor. En particular, si les asignas el trabajo correcto y les confieres responsabilidades.

Trabajar desde casa es una habilidad y, como sucede con todas las habilidades, la gente mejora con la práctica. Si vas a contratar a alguien que no ha trabajado mucho a distancia, sólo sé comprensivo durante el proceso de integración. Arran Stewart de Job.com recomienda organizar una reunión el primer día para que la persona nueva conozca y salude a todos de forma virtual, y para que pueda conectar sus rostros con los nombres que verá en su bandeja de entrada de correos. Durante esta reunión pide a todos tus colaboradores que inviten a la nueva persona a cualquier junta que se lleve a cabo la siguiente semana, y de la que deba estar enterada. Así es, todos deberán sentarse frente a la pantalla y tomarse unos minutos para hacer esto juntos. Una de las peculiaridades de la naturaleza humana es que, si no tenemos a alguien sentado frente a nosotros, no siempre pensamos en él o ella. En la oficina puedes deambular, pasar frente al cubículo de un nuevo empleado y recordar: "Ah, claro, Leigh necesita estar en la junta del proyecto del viernes". Pero con el trabajo a distancia, podrías llegar al viernes y de pronto recordar: "Ah, esperen, ¡olvidamos invitar a Leigh!". Y te aseguro que esto no le transmitirá a Leigh sentimientos cálidos y agradables respecto al teletrabajo. Como supervisor de la nueva persona, el primer día también deberás llamarle. Posiblemente varias veces. Lo harás para ver cómo va todo, pero también para mostrarle que no hay ningún problema con que él o ella te haga una llamada. Es necesario que le hagas saber al nuevo colaborador que, si surge alguna dificultad, puede comunicarse contigo en lugar de sufrir en silencio, y una manera de probar que es correcto llamar es hacerlo tú mismo.

Si diriges tu propia empresa desde casa, será doblemente emocionante formar tu equipo porque tendrás la satisfacción de saber que tú mismo creaste esos empleos. Los pequeños negocios que le permiten a la gente trabajar de manera flexible y desde cualquier sitio pueden establecer relaciones laborales con los individuos en calidad de contratistas o colaboradores externos en lugar de como empleados de tiempo completo, lo que les permite a éstos ser más ágiles e involucrarse en mayor o menor medida, dependiendo de su combinación de proyectos. Cuando monitorees tu tiempo, pensarás en lo que está consumiendo tus horas, en las tareas que haces bien y en aquellas en las que no eres tan bueno, pero tal vez ésa no sea la mejor manera de aprovechar este limitado recurso. Anne Bogel señala: "He sido una jefa muy renuente". Cuando su imperio editorial creció, tuvo que aceptar que necesitaría dirigir un equipo. Sin embargo, "con el paso del tiempo encontré la manera de hacer evolucionar mi propio puesto para poder enfocarme más en lo que quiero hacer". Su gerente de operaciones maneja la supervisión diaria mientras ella se enfoca en asuntos creativos. "Tan sólo la cantidad de tiempo que él pasa en Zoom hablando con el equipo cada semana es bastante significativa", dice Anne.

Cuando te dispongas a pensar en lo que necesitarás, puedes pedirle a tu red de trabajo referencias sobre personas que sepan de internet, de comunicaciones, diseñadores y otros tipos de profesionales. También he descubierto que en ese proceso de contarle a todo el universo de qué manera ocupo mi tiempo, de repente aparecen colaboradores. Ábrete a esta posibilidad. El otoño pasado, una profesional creativa sumamente reconocida me envió un inesperado correo electrónico en el que describía con precisión de qué manera podía ayudarme. Era exactamente en lo que yo había pensado que necesitaba ayuda. Anne Bogel, por ejemplo, se gana la vida leyendo libros, por eso no resulta sorprendente que le hayan presentado a gente (incluso a dos miembros de su equipo actual) que al conocerla exclamó: "Trabajar para usted sería un sueño hecho realidad". Como Anne sabía que contratar a esas personas resultaría muy ventajoso, les dijo: "'Entonces hablemos.' No podría decir que les propuse un papel específico, pero con lo que sabía respecto a su experiencia y talento, imaginé que les encontraríamos un lugar".

Yo usualmente pongo a prueba a la gente en un proyecto pequeño. Si las cosas no funcionan, los interesados no habrán invertido demasiado tiempo ni yo demasiado dinero. Pero si todo sale bien, entonces podemos intentar con proyectos más ambiciosos, incluso si aún no nos conocemos en persona.

FORMA UN EQUIPO EN TU HOGAR

Así como tu equipo de trabajo te permite hacer más de lo que podrías tú solo, un equipo en casa te permite concentrarte en el trabajo y disfrutar de tus horas libres.

Para mucha gente, como es mi caso, el equipo en casa más importante es el que se encarga del cuidado de mis hijos. En una época sin necesidad de distanciamiento social, esto tal vez no sería necesario para las personas cuyos hijos están en edad de pasar todo el día en la escuela o en un campamento. Pero si tienes niños pequeños, te resultará difícil hacer crecer tu imperio sin ayuda para cuidarlos. Como pudo constatarlo mucha gente durante la pandemia por el covid-19, no es imposible, sin embargo, muchos descubrieron que trabajar sin ayuda puede ser frustrante. Cuando tratas de trabajar y de cuidar a tus hijos al mismo tiempo, las distracciones se acumulan, te sientes como un padre fracasado cada vez que les sugieres ver una película más, y el hecho de que haya un límite para tus horas laborales te obliga a postergar tus momentos de pensamiento concentrado. Claro que debes y puedes preparar a tus hijos para que jueguen de manera independiente, pero que un adulto los supervise, ya sea tu pareja, otro miembro de la familia o un profesional pagado, te permite relajarte mucho más. Porque inevitablemente, el día que tienes una llamada con un posible cliente nuevo, tu hijo, que siempre toma su siesta a la 1:00 p.m., se niega a hacerlo.

Estoy segura de que si trabajas desde casa y tienes niños pequeños ya notaste que, aunque alguien más los esté cuidando, tú de todas formas permaneces en el mismo espacio. Puedes escucharlos y ellos pueden escucharte a ti, así que tal vez quieran visitarte en tu oficina. Hace muchos años, cuando mi esposo y yo tuvimos a nuestro primer hijo, vivíamos en un departamento de una sola habitación, y como nunca pude trabajar bien desde casa en esas condiciones, inscribimos a nuestro amado pequeño en una guardería a unas cuadras de distancia. Eso resolvió el problema del ruido, pero la falta de flexibilidad en nuestros horarios y las enfermedades frecuentes nos estresaban demasiado. Terminamos mudándonos a un departamento de dos recámaras y, luego, cuando tuvimos a nuestro segundo hijo, contratamos a una niñera. A lo largo de los años, cada vez que hemos entrevistado a las personas que podrían cuidar a nuestros hijos, he sido muy clara y les he explicado que, aunque el empleo implica principalmente mantener a los niños a salvo mientras mi esposo y yo trabajamos, la segunda responsabilidad consiste en mantenerlos fuera de mi oficina. Para que esto sea posible hemos comprado membresías en todos los museos, zoológicos y sitios de juegos de la zona. Kate, la esposa de Matt Altmix, cuida a sus cuatro niños durante el día. Matt señala que establecer "horarios muy estrictos" para empezar y terminar el trabajo le ha ayudado a marcar límites. "Kate sabe que en ese tiempo no estoy disponible para ayudar con los niños —explica—. Hemos hablado mucho de esto." Ambos están de acuerdo en que, como Matt es el único proveedor de la familia por el momento, necesita enfocarse y no tener interrupciones durante la jornada laboral. Pero ser muy estricto con la hora en que termina de trabajar también le ofrece a Kate "seguridad y tranquilidad porque sabe que a las 4:30 p.m. puede contar completamente con que estaré ahí".

Los honorarios de los buenos profesionales en el cuidado infantil son elevados, por eso sé que resulta tentador pagar menos. Pero si tienes grandes ambiciones, piensa en este gasto como una inversión que te dará rendimientos en tu potencial para ganar más a largo plazo. Contar con una niñera que pueda cocinar la cena y preparar a los niños para que empiecen a hacer la tarea te garantiza que podrás hablar con un cliente al que le gusta llamar a las 4:30 p.m. para ver cómo van las cosas, sin tener que apresurarlo cuando estén hablando por teléfono. Si necesitas trasladarte de vez en cuando a las oficinas y tu pareja también sale de casa o trabaja hasta tarde, o si no tienes ayuda, la opción de contar con cuidado infantil durante la noche te sirve para enfocarte en tus traslados laborales sin hacer todo tipo de malabares logísticos.

Tal vez sería bueno que consideres contratar a alguien que te ayude con el trabajo en el hogar. Mucha gente da por hecho que si está en casa durante el día, tendrá más tiempo para hacer los quehaceres, pero el problema de estar en casa es que continúas viendo y atendiendo los pequeños desastres domésticos, y de pronto el quehacer consume todo tu tiempo disponible. Contrata a alguien que limpie tu casa y así podrás despreocuparte de esa labor. ¿Y en cuanto a la comida? Tal vez podrías contratar a alguien que cocine para ti de vez en cuando. Saber que la cena estará lista en cuanto dejes de trabajar ¡es una experiencia inigualable!

Contar con un equipo personal y un equipo profesional te recuerda que tu tiempo es valioso. Tú desempeñas una labor de calidad y lo haces de manera profesional, y a mucha gente le conviene que lo hagas en el mejor escenario posible.

4

Piensa en grande

Que te asignen una gran oficina de lujo, es decir, una oficina de jefe, es muy emocionante. Significa que lo lograste, que tú eres quien decide y que estás trabajando desde un puesto con poder. Y no hay ninguna razón por la que las cosas no puedan ser así si esa "nueva oficina del jefe" es el modesto espacio de trabajo que instalaste en una habitación de tu casa. De todas formas, puede ser el lugar desde donde construyas tu imperio.

Una de las claves para pensar en grande consiste en darte el tiempo y el espacio necesarios para preguntarte qué quieres de la vida. Puedes reflexionar y soñar en muchos niveles. Puedes formarte hábitos y estructuras que impulsen tu carrera. Este capítulo te ofrece ideas para hacer avanzar tus ambiciones, incluso si rara vez te pones un elegante y poderoso traje para ir a la oficina.

HAZ TU "LISTA DE 100 SUEÑOS"

Cuando comencé a analizar y estudiar el manejo del tiempo, me di cuenta de que, usualmente, la gente que tenía una vida hermosa no estaba obsesionada con los trucos que le permitirían cocinar la pasta más rápido o responder 10 correos electrónicos en el mismo tiempo que un simple mortal sólo podría responder ocho. En lugar de ello, estas personas se enfocaban en llenar su tiempo con las actividades que merecían estar en sus agendas y calendarios. Esto quiere decir que reflexionaban sobre la manera en que les gustaba llenar su tiempo, tanto de forma inmediata como a futuro, y en lo profesional y lo personal.

Si aún no te has permitido hacerte esta pregunta, es decir: "¿Que *me gustaría* hacer con mi tiempo?", te recomiendo ampliamente que lo hagas. Mi ejercicio favorito para contestar a esta pregunta, que compartió la orientadora profesional Caroline Ceniza-Levine para mi libro *168 Hours*, se llama "Lista de 100 sueños", y se trata de una lista sin censura ni edición de todas las cosas que te gustaría hacer en la vida. En pocas palabras, es una lista de lo que te gustaría hacer antes de morir, pero a diferencia de la mayoría de este tipo de conteos, éste llega a 100. De hecho, ¡tienes que pensar mucho para acumular 100 sueños! Debes ir más allá de lo obvio, como ver la Torre Eiffel, y pasar a ideas que sean más específicas para ti. En mi caso, por ejemplo, sería escribir una colección de sonetos de temporada, amueblar una hermosa casa de muñecas o visitar Perth.

Aunque las listas de actividades que te gustaría realizar antes de pasar a mejor vida son algo más bien personal, si tienes espacio para 100 sueños, puedes incluir una sección profesional también. Tus sueños pueden ir de lo más factible como echar a andar un programa como mentor, a aquellos que implican etapas que no dependen de ti de manera inmediata, como llegar a ser director ejecutivo de tu empresa.

No trates de disuadirte de no cumplir tus sueños. No te estás aferrando a ninguno de ellos por el momento, sólo estás jugando con algunos escenarios para tu vida. Cada cierta cantidad de años regresa a tu lista y observa cómo han cambiado tus deseos y ambiciones. Si quieres, puedes compartir la lista con amigos, familiares o mentores que te apoyen. Este fin de semana podrías decidir eliminar algunos sueños. En el caso de los más ambiciosos, elige una o dos metas profesionales y personales en las que te enfocarás al año. Para cuando llegue diciembre, ¿qué te gustaría poder decir que hiciste? Escribe estas metas en algún lugar importante para que los viernes, cuando estés planeando tu agenda semanal, puedas pensar en los pasos que necesitas dar para cumplirlas. Y por supuesto, mantente abierto a las oportunidades porque, cuando articulas un deseo, las posibilidades empiezan a mostrarse. Tal vez un día, por ejemplo, notas que una conferencia que habías tenido en tu radar por algún tiempo se llevará a cabo en Perth en dos años. Eso te dará tiempo para ir armando una estratagema y lograr que te inviten como orador, y para coordinar tu calendario de vacaciones y añadir algunos días más a tu estancia. De esta manera podrás eliminar varios puntos de tu lista de sueños, o al menos tratarás de hacerlo. A veces las pandemias y otros tipos de crisis pueden modificar drásticamente nuestros planes, pero una gran parte de la alegría de cualquier evento depende de la anticipación, así que incluso pensar en lo que incluirás en una lista de 100 sueños puede bastar para mirar el futuro con más apertura y optimismo.

DISEÑA UNA SEMANA IDEAL REALISTA

Otra manera de pensar en grande consiste en diseñar una "semana ideal realista", es decir, en imaginar cómo te gustaría que fuera tu vida, hora por hora, tomando en cuenta las restricciones biológicas y físicas. ¿Qué trabajo te gustaría estar haciendo?, ¿cuántas horas te gustaría trabajar?, ¿con quién te gustaría trabajar?, ¿en qué momento te gustaría entregarte a tus pasatiempos?, ¿cómo serían tus noches?, ¿y tus fines de semana?

Crear un horario ideal realista es particularmente útil para la gente que trabaja desde casa porque, si tienes más control sobre tus horarios, puedes verlo como una guía en lugar de como una lista de deseos, y ponerlo a prueba. Tal vez siempre pensaste que hacer ejercicio por las mañanas sonaba bien, pero tu traslado a la oficina era tan largo que esto habría implicado hacer ejercicio en verdad muy, muy temprano, y dejar tu típica explosión creativa para las 10:00 p.m. Sin embargo, si tu horario ideal en la era después del covid-19 te permite trabajar desde casa dos días a la semana, podrías hacer ejercicio esas dos mañanas, y de todas formas tendrías tiempo para tu lluvia de ideas por la noche. Diseñar un horario ideal realista te ayuda a ver posibilidades. Incluso si no lo puedes implementar por completo, tal vez te ofrezca cierta guía para los días en que sí tengas el control. Mi horario ideal, por ejemplo, consiste en trabajar mucho por las mañanas, hacer ejercicio, tomar una siesta en la tarde y luego continuar trabajando desde, digamos, después de la cena hasta medianoche. Este horario es casi imposible de implementar si estoy con mi familia, pero algunos días, cuando estoy sola, es exactamente la manera en que trabajo y sé que debo apegarme y no oponerme a ella.

CONVIÉRTETE EN LÍDER DE PENSAMIENTO

A medida que el mundo regrese a la normalidad, algunas empresas comenzarán a enfilar a la gente de vuelta a los horarios tradicionales. Si a ti te gustaría conservar un horario más flexible, necesitas pensar con qué tipo de apalancamiento cuentas. Tal vez descubriste que es más sencillo controlar tus horas laborales y tu ubicación cuando la gente viene *a ti* en lugar de que tú tengas que ir *a ella*.

En su libro *Stand Out*, mi amiga Dorie Clark explica: "La mejor manera de proteger y hacer avanzar tu carrera consiste en construir una reputación profesional sólida. Cuando los otros te reconocen como una autoridad en tu campo, los clientes y empleadores desean trabajar contigo de manera específica, y si llegas a perder tu empleo, estás equipado con las herramientas necesarias para sobreponerte".

El dominio y la experiencia en un ramo son conceptos nebulosos. Aunque existen algunos indicadores obvios como los títulos profesionales, también hay otros aspectos, y, de hecho, los títulos no bastan para establecerse como líder de pensamiento. Para eso necesitas una buena idea y una buena noción de tu marca o de tu superpoder profesional. ¿Qué podrías destacar? Si no has pensado mucho en este aspecto, pregúntales a las personas con quienes hayas trabajado a lo largo de los años de qué manera te perciben. ¿Cuál creen que ha sido tu mejor etapa?, ¿qué les parece que es lo más distintivo de ti?, ¿qué te resulta sencillo hacer, pero es difícil para otros? Pregúntale esto a mucha gente porque, aunque todos pueden tener opiniones interesantes, éstas dependen de la peculiaridad de cada uno. Cuando ocho de 10 personas mencionan que nunca han visto a alguien leer tan rápido como tú, que siempre encuentras el nombre perfecto para un proyecto, o que tienes una habilidad asombrosa para explicar conceptos matemáticos complejos, más vale que lo tomes en cuenta. A veces cuando examinas distintos aspectos de tu vida, te das cuenta de que, en realidad, hay puntos que convergen. Tal vez las cosas que te encantaban cuando eras niño están presentes en el tipo de trabajo que ahora te hace más feliz. Por ejemplo, de chico te encantaba organizar a tus amigos para montar obras de teatro y, por supuesto, ahora que eres adulto les has ayudado a algunos colegas a preparar las mejores presentaciones de su vida. Reflexiona a fondo sobre estos temas para identificar qué ideas y experiencias podrías comenzar a compartir de una manera más amplia.

Para que la gente te tome más en serio por tus ideas, es importante que cuentes con instituciones o gente con la influencia necesaria para respaldarte en el campo en que te desenvuelves. Esto explica por qué los libros y las conferencias TED (TED Talks) resultan tan atractivos a pesar de que, en realidad, suelen ser marcadores para la verificación de la capacidad y la experiencia. Tus primeros pasos podrían incluir ofrecerles a tus colegas presentaciones a la hora del almuerzo en las que expongas tus mejores ideas, proponerlas a través de una red profesional o atraer grandes audiencias a tus sesiones de Facebook Live o a tus historias en Instagram. Puedes iniciar un blog profesional o publicar artículos en LinkedIn. Investiga un tema de interés profesional y luego escribe un ensayo en el que promuevas y defiendas una tesis. Haz circular este documento en tu organización: tal vez muy pronto empiecen a citarte e identificarte como el experto en el tema. También podrían invitarte a compartir con los directores *senior* tus reflexiones sobre el mismo. O si a menudo te encuentras explicándoles a tus colegas cómo realizar ciertas tareas, puedes filmarte a ti mismo en tutoriales. Es probable que la gente los comparta y que te vuelvas famoso en tu entorno laboral.

Naturalmente, ser un líder de pensamiento tiene que ver con un pensamiento superior, pero la parte de ser líder también importa mucho. Necesitas seguidores que estén de acuerdo en que eres un experto, e idealmente, necesitarás encontrar la manera de llegar a esos seguidores. De hecho, creo que alguien debería dar un discurso universitario inaugural sobre el sencillo tema de cómo empezar a recolectar direcciones de correo electrónico. Incluso si no las usas, siempre es agradable saber que puedes ponerte en contacto con la gente para hablarle sobre tu trabajo. Pero también podrías usarlas. Independientemente de si diriges tu propia empresa o trabajas para alguien más, puedes lanzar un boletín con contenidos interesantes: recomendaciones para libros o podcasts, curaduría de enlaces de internet o entrevistas con otros líderes de pensamiento. Los boletines por correo electrónico son una de las maneras más sencillas de recordarle a la gente, en tus propios términos, que existes. Para cada persona, su existencia es parte fundamental de su experiencia, y es por ello que a veces olvidamos que tal vez no toda la gente nos tiene presentes. Asegúrate de que tus perfiles en redes sociales coincidan con tu imagen. Tómate fotografías profesionales que muestren tu personalidad profesional: intelectual, creativo, contundente, etcétera.

Incluso tu telón de fondo puede ser una oportunidad para impulsar tu marca personal. En las etapas incipientes de la tecnología de las conferencias por video, esta sección habría servido para advertirte que no mostraras tu ropa sucia ni tu cama sin hacer, pero ya estamos más allá de ese punto. Tener éxito en tu nueva oficina en casa implica hacer un uso consciente de todos los elementos visuales que compartes en la pantalla para transmitir algo relevante sobre ti mismo. Un cuadro original colgado en la pared, por ejemplo, muestra tu sofisticación. Un acuario divertido no sólo comunica que te gustan los peces, sino que eres una persona accesible porque los acuarios le brindan a la gente un tema obvio para la plática trivial con la que comienza la mayoría de las reuniones virtuales. Si la gente te conoce como una persona conservadora, un disco de vinilo enmarcado de la banda que lideraste en la universidad puede sugerir una personalidad más compleja. Incluso tu atuendo puede darle forma a la conversación. Dominic Benford de la NASA suele usar corbata en la oficina y decidió seguir haciéndolo cuando empezó a trabajar desde casa. En la oficina iba rotando una serie de cinco nudos distintos, pero cuando dio inicio la cuarentena decidió mostrar un nudo nuevo cada día. Cuando hablé con él, llevaba 30 días ininterrumpidos de nudos distintos y lucía el "nudo resurrección", para el que se necesita hacer un segundo "nudo trinidad" (déjate llevar y permite que estas descripciones te hagan entrar por un buen rato a un pozo sin fondo en internet). "Era algo que muchos ya conocían de mí", explica. Por eso, cuando la gente llegaba temprano a las videoconferencias, invariablemente alguien le preguntaba el nombre del nudo.

A medida que vayas teniendo una noción más clara de quién eres y de tus rasgos más peculiares, puedes empezar a hablar sobre éstos cuando te presentes, cuando alguien te pida una biografía o cuando entregues materiales de promoción. Es importante que lo hagas de una manera auténtica porque, si prestas atención, notarás que a menudo la gente te pregunta: "¿Y usted qué hace?". Yo soy autora, oradora y productora de podcasts, pero si alguien se toma la molestia de hacer una pregunta de seguimiento, puedo mencionar que mi objetivo con todas estas actividades es ayudarle a la gente a invertir más tiempo en las cosas que importan y menos en las que no son relevantes. Ser sensible respecto al lenguaje que usarás en las zonas más notorias de tu sitio de internet personal (¡o diseñar tu sitio para empezar!) les permitirá a los visitantes averiguar cuáles son las actividades por las que otros te conocen y por qué deberían trabajar contigo de forma específica. Naturalmente, esto aumentará la probabilidad de que quieran comenzar de inmediato.

SOLICITA RETROALIMENTACIÓN

La retroalimentación es un regalo, así que formalizar el proceso para que personas inteligentes te la brinden puede impulsar fuertemente tu carrera. Ésta es la teoría en que se sustentan los grupos Mastermind, por lo que definitivamente deberías unirte a uno o fundarlo. Reúnete con algunas personas que estén en etapas similares de su carrera. Pueden ser colegas de tu empresa o de la industria en que te desarrollas, pero la diversidad podría resultar muy útil para ampliar tu red. Llega a cada reunión con un problema que quieras resolver y pídele a la gente que te dé retroalimentación para lograrlo. Después comparte tus opiniones sobre los problemas de ellos y toma el tiempo necesario para que la gente pueda alentarse entre sí.

También considera buscar un socio para que ambos se rindan cuentas. Si trabajas en una empresa, lo más probable es que tu director o gerente ya te provea la disciplina básica para sentir que debes responder y realizar tu trabajo, sin embargo, buscarte un socio específico puede impulsarte a proponer nuevos proyectos, negociar mejores condiciones y tratar de obtener recompensas. Y en caso de que dirijas tu propia empresa, un socio con quien te comprometas para rendirse cuentas entre sí podría recordarte que debes seguir diseñando propuestas, aunque estés ocupado, o que es fundamental que continúes soñando. Mi socia y yo llevamos siete años con este compromiso y nos reunimos cada viernes.

En lo personal, me parece genial tener una razón para pensar con detenimiento lo que hiciste durante la semana, y si no hiciste nada, el hecho de saber que tienes que enviarle un correo electrónico con tus avances a tu socio puede ser una gran motivación para ponerte las pilas y trabajar en tus proyectos.

PRUEBA NUEVAS COSAS

La gente que piensa en grande respecto a su carrera se permite probar nuevas cosas. Por eso asiste a retiros y se toma tiempo para alejarse de sus responsabilidades diarias y jugar con algunas ideas. Independientemente de si trabajas para una empresa que ofrece este tipo de eventos o no, puedes organizar tus propios retiros para evaluar y pensar en tus dilemas o en las posibilidades que tienes para construir tu imperio. Yo he programado algunos, en particular cuando se acerca una fecha límite para entregar un libro, porque me agrada revisar el manuscrito sin las interrupciones inherentes a la vida familiar. Elige un lugar no muy lejano para que no tengas que invertir tiempo de tu retiro en viajar. Apóyate en tu equipo del hogar para diseñar una logística que te permita ausentarte, y luego aléjate por lo menos dos noches. Esto te dará un día completo en el que no tendrás que pensar en el tránsito ni en las responsabilidades familiares. Es fundamental que necesites resolver un problema específico porque, si te alejas sólo para pensar de manera profunda, es probable que tus reflexiones no sean tan útiles como te gustaría. Esto puede resultar frustrante, en particular si tuviste que pedir favores para poder ausentarte. Por otra parte, he notado que el simple hecho de alejarse puede ayudar a reconocer oportunidades. En 2017 estaba en un retiro en Poconos para terminar un libro, y se me ocurrió entrar a *The SHU Box*, uno de mis blogs favoritos. Leí que Sarah Hart-Unger estaba pensando hacer un podcast y decidí contactarla para preguntar si le interesaría hacerlo conmigo. Así fue como lanzamos *Best of Both Worlds* un mes después. Todo comenzó con mi pivote profesional hacia los podcasts. ¿Pero habría enviado esa propuesta si hubiera leído la publicación en su blog mientras miraba una clase de karate sin prestar mucha atención? Es difícil saberlo.

Algunas oportunidades nos llegan porque las buscamos de forma activa. Otras veces sólo nos arriesgamos un poco y permanecemos abiertos a lo que suceda. Tal vez te parezca que se trata de jugar o tontear, pero quizá lo veas como sembrar semillas: no todas florecen, pero si lo haces en suelo fértil, muchas lo harán. Y si plantas suficientes, tendrás una cosecha abundante.

Para continuar impulsando tu carrera a niveles más altos es importante que te formes el hábito de abordar proyectos especulativos. ¿Qué sucedería si decidieras escribir una serie de artículos para un sitio popular de internet?, ¿qué pasaría si decidieras monitorear tu tiempo o correr durante todo un año?, ¿o memorizar 100 poemas y filmarte a ti mismo recitándolos?, ¿qué sucedería si decidieras presentar por correo electrónico, con su previa autorización, a dos personas todos los días durante un mes?, ¿qué sucedería si enviaras una nota breve cada día a una persona elegida al azar en tu lista de contactos? No tengo idea, pero te aseguro que sucedería algo porque esta cantidad de actividad tiende a generar una respuesta recíproca por parte del universo.

Tendrás ideas nuevas y encontrarás otras oportunidades. Uno de los viejos argumentos en contra de realizar home office era que la casualidad conducía a los grandes logros. Por ejemplo, un día te sientas junto a alguien nuevo en la cafetería de la oficina y, nada más porque sí, ¡tu empresa desarrolla un producto de mil millones de dólares! Esta idea millonaria, sin embargo, es tan fugaz que no sucederá mientras la gente trabaja desde casa una vez a la semana. Claro, estoy exagerando, pero si las ideas nuevas surgen cuando recibes estímulos inesperados, puedes encontrar maneras de propiciar más casualidad en tu vida sin importar en dónde trabajes. Estoy segura de que como en el trabajo autodirigido no tienes que obedecer las normas impuestas a los grupos presenciales que te impiden salir de la oficina o tener abiertas ciertas páginas en tu pantalla, es posible propiciar más azar que si permaneces sentado en tu cubículo 40 horas a la semana. Así que prueba las actividades especulativas. Ve a nuevos lugares o atiende la ocasional llamada de alguien a quien no conoces bien, sólo porque sí. Para evitar que estas actividades desequilibren tu horario, realízalas juntas en bloques, pero por lo menos prueba algunas. Y cada vez que sientas que algo realmente te intriga, presta atención porque tal vez sea el momento de actuar.

DI UN GRAN "SÍ"

Para sentir la mágica emoción del progreso en el trabajo y en la vida, es necesario que aceptes las cosas que te emocionan incluso si no estás seguro de cómo resultarán. No te preocupes, eres inteligente y sabrás cómo lidiar con todo. Si necesitas solicitar consejos, podrás contactar a gente de tu red de trabajo que ya haya hecho lo que tú estás intentando ahora, y contratarás a excelentes profesionales para maximizar tu impacto. Si necesitas más tiempo, puedes pedir refuerzos y, quizá, trabajar algunas horas adicionales por la noche o los fines de semana.

Sólo recuerda esto: para tener el espacio mental que necesitas para decirles "sí" a las grandes tareas, necesitas desembarazarte de las nimiedades. Aceptar demasiados proyectos te hace sentir abrumado y te impide ver que las tareas triviales no importan.

Para no caer en esta trampa necesitas comprometerte a considerar el coste de oportunidad. Cuando alguien te pida que hagas algo, no te pongas a pensar si tienes tiempo para hacerlo, piensa en qué otra cosa podrías hacer con ese tiempo. En esa hora que pasas en el teléfono para hablar de un proyecto al que le darías un cinco en una escala del uno al 10, podrías enviar mensajes a antiguos clientes que considerarías como un ocho o nueve. Si se esfuerza, la gente ambiciosa casi siempre encuentra la manera de incluir en su vida algunos ocho o nueve, así que cuando pienses en esa misión o proyecto al que le asignaste cinco de 10, recuerda que el coste de oportunidad no es igual a cero. Aquí hay una frase que puedes usar para rechazarlo: "Muchas gracias por pensar en mí, pero no voy a poder involucrarme por el momento. Sin embargo, ¡te deseo la mejor de las suertes con tu proyecto!".

Naturalmente, tal vez ésta no sea la mejor frase para lidiar con tu *supervisor*, pero incluso en ese caso la gente tiene más control del que cree sobre su tiempo. Ten iniciativa y presenta propuestas de proyectos que te emocionen. Claro, todos tenemos que contribuir con el trabajo en la oficina, y algunas labores que considerarías como un cuatro o cinco en la escala de cero a 10 se tienen que hacer de todas maneras, pero entre más proyectos importantes aportes, menos lógico será que te asignen tareas sin importancia. Y a menos de que tu empresa deliberadamente realice proyectos inútiles, tu cinco podría ser el 10 de alguien más. Mantente al tanto de los intereses de tus colegas. Aquí tienes otra respuesta perfectamente aceptable: "Me encantaría ayudarte, pero

¿podría sugerirte que mejor involucres a Jane? La semana pasada me dijo en el almuerzo que quería trabajar con el cliente X…" El tiempo que inviertas en un proyecto es un tiempo que no invertirás en otro. Se trata de tu vida, así que sé valiente.

PREPÁRATE PARA MOVERTE EN OTRAS DIRECCIONES

Con el paso del tiempo, todos estos pequeños riesgos que corras te convertirán en un profesional con un espectro más amplio para venderse. Tener opciones es bueno, particularmente cuando los tiempos son inciertos en el aspecto económico. Pocos planes de negocios se diseñan tomando en cuenta un encierro obligatorio de meses impuesto por el gobierno. En los últimos años, buena parte de mis ingresos ha venido de presentarme como oradora en eventos en los que, justo en este momento que estoy escribiendo, son considerados reuniones multitudinarias prohibidas. Por eso me da gusto que esos compromisos no fueran la única fuente de ingresos de mi familia.

Parte de pensar en grande consiste en estar preparado para moverte en otras direcciones cuando sea necesario, ya sea por razones económicas o personales. El negocio de estudios fotográficos de bodas de Matt Altmix con frecuencia lo obliga a trabajar los sábados. Antes de que sus hijos empezaran a ir a la escuela no había problema porque podía nada más tomarse el viernes para estar con ellos, pero en cuanto los niños se tuvieron que someter al horario escolar, "los fines de semana se volvieron más valiosos", explica. Por eso él y Joel Larsgaard, su coanfitrión de *How to Money*, empezaron a impulsar más este podcast: para tener más flexibilidad.

Estoy segura de que los caballeros de *How to Money* estarían de acuerdo conmigo en que la vida es mucho mejor cuando cuentas con un fondo para emergencias lo suficientemente robusto para probar un trabajo distinto. Si nunca habías pensado en esto y ahora trabajas desde casa, tienes la oportunidad de empezar con el dinero que habrías usado para transporte, tintorería y gastos similares. FlexJobs calculó que estos gastos podrían ascender a 4000 dólares al año en promedio. Sé que esta cantidad no te volvería rico, pero conforme vaya creciendo el ahorro te sentirás motivado a buscar maneras sustanciales de añadir ingresos. También le recomendaría a cualquier familia que tenga un portafolio de fuentes de ingreso. El portafolio obvio consiste en dos personas con un empleo cada una, pero hay otras variantes que incluyen ingresos por propiedades en renta, negocios alternativos y actividades similares. La seguridad financiera y saber que tienes opciones en tu carrera profesional te permitirán pensar en grande. Si cuentas con esto, puedes correr riesgos. A pesar de la percepción popular, la mayoría de la gente no se vuelve más creativa cuando se encuentra entre la espada y la pared. La noción de abundancia nos permite ver posibilidades. Cuando sabes que si algo no funciona siempre puedes encontrar otra opción, y cuando tienes el tiempo y los contactos para hacerlo, es posible operar desde una posición que te otorga poder. Tienes el control total de tu nueva oficina y eres el arquitecto de tu carrera, de los medios con los que ejercerás un impacto en el mundo, independientemente de si trabajas para una empresa o diriges tu propio negocio.

Optimiza el bienestar

Los empleados que hacen home office suelen ser más felices. Gracias a una encuesta realizada por TINYPulse, una empresa para la promoción del involucramiento de los empleados, se descubrió que, en comparación con los trabajadores en general, que obtuvieron una calificación de 7.42, quienes laboraban a distancia obtuvieron 8.10 en una escala de 10 puntos que evaluaba la felicidad. Los que hacen home office también se toman menos días por enfermedad, aunque eso no necesariamente significa que sean más sanos. Si no expones a otras personas a tus gérmenes, puedes seguir trabajando aunque te sientas mal (o si estás cuidando a un familiar con alguna enfermedad poco grave). Por otra parte, algunas evidencias sugieren que las personas que trabajan a distancia tienen comportamientos más sanos. En una encuesta de *Airtasker* realizada entre 1 004 empleados de tiempo completo, la mitad de los cuales hacía home office, se descubrió que estos últimos hacían 25 minutos más de ejercicio en la semana que quienes permanecían en la oficina.

Ahora que la gente está evaluando las maneras en que se trabajará tras la pandemia, este hallazgo resulta intrigante. Los negocios modernos se mueven con agilidad y eso requiere energía. El ejercicio y el sueño aumentan los niveles de la misma. Laborar desde casa algunos días a la semana podría permitirle a la gente distribuir su energía de manera consciente mientras trabaja en pos de sus metas profesionales. Las personas que realizan home office pueden convertir el tiempo de traslado a la oficina en un espacio para el ejercicio. Alguien que no termina su jornada laboral con un prolongado traslado cinco días a la semana, podría dormir más. No todos los que realizan home office toman estas decisiones inteligentes, pero quienes lo hacen pueden beneficiarse bastante.

Permitir que los empleados laboren desde casa tiene otra ventaja estratégica: la gente puede trabajar más sin sentir que su vida se desmorona. En un estudio realizado entre empleados de IBM se descubrió que buena parte de quienes establecían sus propios horarios y trabajaban ocasionalmente desde casa podían laborar 57 horas a la semana antes de tener un conflicto familiar. Quienes estaban atrapados en la oficina con horarios establecidos por otros, se quebraban después de 38 horas semanales.

¿Quién no querría empleados llenos de energía y capaces de trabajar 50% más? El trabajo a distancia es una herramienta con la que se puede lograr eso, y las organizaciones que la aprovechan están bien posicionadas para alcanzar el éxito.

Por supuesto, si ya leíste hasta aquí, no tengo que convencerte de que el home office es bueno para el bienestar, así que en este capítulo me enfocaré en ofrecerte algunos consejos prácticos para que puedas optimizar el bienestar en tu nueva oficina en casa y lograr aún más cosas increíbles.

PONTE CÓMODO

A lo largo de mi carrera he tenido altibajos, pero hubo un momento particularmente doloroso cuando terminé sin escritorio después de una mudanza. El viejo estaba diseñado específicamente para el departamento que dejamos y por eso no cupo en el nuevo. Durante varios meses trabajé sentada en el suelo, y sí, viéndolo en retrospectiva, fue tan ridículo como suena. Entre muchos otros problemas, me dolía la espalda, pero cuando tuve un elegante tapete nuevo, un escritorio sólido, una silla de oficina y otra silla para leer, tuve una nueva visión de la vida.

Si los empleados de tu empresa comenzaron a laborar a distancia de la noche a la mañana, es probable que te hayas apoderado del lugar en casa que te pareció más conveniente para trabajar. Pero si tu nueva vida implicará hacer home office más seguido, entonces vale la pena invertir tiempo y dinero en crear un espacio cómodo y productivo. A largo plazo tal vez consideres mudarte a algún lugar que te permita tener una verdadera oficina, pero si eso no sucederá pronto, por lo menos coloca tu escritorio o mesa a una distancia ergonómicamente correcta. También consigue una buena silla. Las del comedor se ven preciosas, pero créeme que si te sientas en ellas 40 horas a la semana terminarás arrancándoles el tapiz aunque tus pantalones no luzcan particularmente ásperos. Pregúntale a tu cuerpo. ¿Sientes que tus hombros están encorvados o que tu cuello está tenso de un lado? De ser así, muévete y ajusta todo hasta que hayas arreglado esta situación. A algunas personas les agrada sentarse sobre pelotas de ejercicio y otras usan un escritorio ajustable que les permite trabajar estando de pie. Averigua qué es lo que a ti te funciona.

También deja algo de espacio para almacenaje. ¿Dónde guardarás los papeles, suministros de oficina, libros o las cosas que necesites tener a la mano? Los archiveros suelen causar más problemas de los que solucionan, pero una canasta bonita te permitirá guardar objetos diversos y limpiar más rápido.

Asegúrate de que tu espacio de trabajo esté cerca de una ventana. Sé que hay quienes opinan que trabajar en tu habitación no es lo más adecuado, pero si tienes una casa pequeña en la que el único punto con luz natural y una puerta es tu recámara, me parece que estarás mejor ahí que en un lugar menos atractivo o privado. Deshazte de cualquier cosa que bloquee la ventana de tu nueva oficina, y luego asegúrate de que lo que ves a través de ella te haga sonreír. Mueve los botes de basura o los muebles viejos y rotos que tienes afuera y que no has tenido tiempo de tirar. Siembra algunas flores o coloca plantas en maceta en el balcón de tu departamento. Yo adoro mi oficina particularmente durante las dos semanas de primavera en que los ciruelos florecen y se ven rosados y brillantes, y luego las dos semanas del otoño en que mi maple japonés adquiere una brillante tonalidad roja. Mi esposo plantó algunos laureles cerca de la reja para que yo no tuviera que ver el garaje de los vecinos. De todas formas, vale la pena levantar la vista de tu computadora de vez en cuando para evitar que tus ojos se fuercen demasiado, lo cual es mucho más agradable cuando tienes algo lindo que ver.

Luego enfócate en el ambiente. Una de las mejores cosas de trabajar desde casa es que no tienes que sufrir las incómodas condiciones que tienen los edificios de oficinas, respecto a las que no puedes hacer nada y que, para colmo, disminuyen la productividad. Siempre que he trabajado en oficinas he sentido que me congelo, en especial en el verano, y créeme que con los dedos casi azules no puedo hacer mi mejor trabajo. Me parece un enorme desperdicio de recursos y una tontería forzar a los hombres a usar calientes e incómodos trajes, y luego poner el aire acondicionado a una temperatura que tal vez a ellos les parezca tolerable, pero que hace que a las mujeres les tiriten los dientes porque, si usan tacones, no se pueden poner calcetas. En tu propia casa, en cambio, puedes poner la temperatura exactamente en el punto que te hace feliz o, por lo menos, si vives en un edificio demasiado frío o caliente, puedes usar un calentador o un ventilador sin que nadie te juzgue. Si en tu casa hay demasiado bullicio, consigue una máquina de ruido blanco o audífonos con sistema de cancelación de ruido. Elisabeth Frost, quien ha trabajado medio tiempo para una universidad y dirigido su propio negocio desde casa durante años, le sugiere a la gente encontrar la manera de "hacer agradable el momento en que inicias tu jornada laboral. Si algo no funciona, identifica el problema y soluciónalo. Puedes elegir el color de la pintura, la silla de oficina, los aromas y mucho más. ¡Aprovéchalo!". En una oficina no te lo permitirían, pero si encender una vela con aroma a calabaza es tu arma secreta, aprovecha que estás en tu hogar para hacerlo.

Otra ventaja de trabajar desde casa es que ¡no siempre tienes que trabajar desde casa! De vez en cuando puedes cambiar tu espacio para estimularte y pensar de manera distinta. Una biblioteca o una cafetería pueden ser excelentes lugares para ello. Una lectora de mi blog comentó que, durante la etapa de distanciamiento social, la gente podría considerar la posibilidad de tener dos espacios de trabajo en el hogar. "Mi espacio principal es un escritorio en una habitación adicional que tenemos y que está más o menos acondicionada como oficina —explica—. Mi segundo espacio es un cómodo sillón individual en el que puedo tener conferencias telefónicas." A veces, cuando el clima es agradable, yo tomo mi laptop y me voy a la terraza de atrás para estimular mi cerebro y ver las cosas bajo una nueva luz, literalmente.

COMPRA PLUMAS DE BUENA CALIDAD

Hablemos sobre los artículos de oficina. Puede parecer un asunto trivial, y la verdad es que a mí no me gusta gastar dinero si no "necesito" hacerlo porque, vaya, ¡el mundo está repleto de cuadernos y plumas gratuitos! Sin embargo, aunque me tomó mucho tiempo, finalmente comprendí que soy mucho más feliz si no me conformo con los artículos promocionales que regalan en mi banco.

Si no trabajas en una oficina tradicional, entonces tú eres tu propio gerente y eres responsable de tus suministros. Necesitas buenas herramientas que te motiven a trabajar, así que compra plumas que hagan de la escritura un placer. Si quieres esa engrapadora con la forma y el peso precisos para tus manos, cómprala y elígela en *tu* color favorito: así será más difícil que alguien de tu familia te la robe. Si tener un segundo monitor facilitaría tu trabajo, hazte de uno. En un año de trabajo desde casa, un monitor de 200 dólares te saldría a cuatro dólares por sesión, y entre menos veces gastes en transporte para ir a la oficina, más económico será. Si eres un poco despilfarrador, tal vez lo mejor sea que asignes un presupuesto, pero la verdad es que los artículos de oficina extravagantes suelen ser bastante económicos. Con 100 dólares puedes comprar muchas cosas. Y si las empresas están convencidas de que a los empleados se les pueden ocurrir ideas multimillonarias si se encuentran azarosamente camino a los sanitarios, no hay razón para pensar que la felicidad que sientes al mirar tu estético contenedor de plumas no pueda estimular tu creatividad también. Piénsalo, sería dinero bien invertido.

COMPRA BANDAS ELÁSTICAS PARA EJERCICIO

Como lo expliqué anteriormente, con frecuencia el tiempo que los empleados usan en trasladarse a la oficina y regresar a casa es inversamente proporcional al que invierten en hacer ejercicio. En teoría, la gente que no tenga que ir a la oficina y regresar cinco veces a la semana tendrá más tiempo para moverse. Pero paradójicamente, también tendrá menos oportunidades de hacerlo. Para ir de la cama a tu oficina en casa tal vez sólo necesites dar 27 pasos, así que, como verás, quienes trabajan en casa necesitan propiciar e incluir movimiento en su vida de forma consciente.

Esto no implica que tengas que comprar una caminadora o una máquina de remo. La mayoría de la gente no debería gastar en algo así porque una inversión tan importante de dinero y espacio en el hogar sólo tiene sentido para remadores o corredores comprometidos que ya hacen ejercicio casi todos los días y que desean seguir haciéndolo cuando las condiciones climáticas fuera de casa no sean favorables. Dicho llanamente, comprar equipo no te estimulará a ejercitarte, ¡y espero que esta revelación baste para que sientas que valió la pena comprar este libro! Por todo esto, lo mejor es que inviertas en equipo económico y ligero que no represente una verdadera pérdida si no lo usas, y que no sea demasiado voluminoso para que puedas tenerlo cerca de ti. De esta manera aumentará la probabilidad de que realmente lo uses durante tus descansos.

Pamela Hernández, preparadora física de Springfield, Misuri, entrena a varios clientes que trabajan desde casa. Pamela sugiere comprar unas bandas de resistencia y mancuernas. En combinación con el peso de tu cuerpo, este sencillo equipo puede ayudarte a trabajar casi todos los músculos. Si necesitas ideas, sólo busca en internet "entrenamiento con bandas de resistencia". Si mantienes tu equipo a la vista, será más fácil que lo uses cada vez que te sobren unos minutos. Antes de iniciar una llamada haz algunas flexiones de bíceps. Mantente en alguna posición de plancha mientras se imprime un documento. La regla de oro es asegurarte de hacer algo de ejercicio todos los días antes de las 3:00 p.m. Lleva un registro y marca con una palomita cada vez que te tomes un minuto o dos para hacer ejercicios de fortalecimiento muscular. Esto, sumado a una pausa para caminar a algún lugar, te servirá para cumplir con las exigencias de ejercicio mínimas actuales. Aunque no hay nada que impida que la gente haga musculaciones en una oficina normal, casi nadie lo hace porque las normas grupales tienen bastante peso, pero si trabajas a distancia y puedes eludirlas, lograrás fortalecerte físicamente.

COME BIEN

En teoría, trabajar desde casa le permite a la gente invertir el tiempo que le tomaría regresar de la oficina a casa en cocinar. Algunas personas disfrutan de lo culinario y pueden preparar comidas más elaboradas, pero si tú, como yo, no perteneces a esta categoría, te recomiendo que te limites a las recetas sencillas o que contrates a alguien para que cocine. Independientemente de cómo soluciones este problema, lo cierto es que trabajar desde casa te permite elegir opciones más sanas para alimentarte.

Para empezar, si realizas home office es más probable que tengas acceso a comida hecha en casa, lo cual es bueno porque las comidas de los restaurantes suelen contener más calorías y sodio. Si a la hora del almuerzo comes lo que quedó de la cena o comida del día anterior, como yo casi siempre lo hago, y si en esa cena o comida hubo verduras, podrás volver a disfrutarlas, y así estarás cubriendo las dos porciones diarias que requieres. Si en el almuerzo no comes lo que quedó del día anterior, puedes tener un menú básico que te permita preparar algo sano sin invertir demasiado tiempo durante tu jornada laboral. Puedes combinar, en distintas proporciones, lechuga lavada y cortada, algo de proteína ya preparada como pollo asado, nueces, verduras y algunos aderezos. De esta manera tendrás una ensalada distinta todos los días. En 10 minutos puedes preparar arroz integral del que viene en bolsa para cocerse en la estufa o en el horno de microondas, y agregarle verduras congeladas para saltear. Incluso puedes cocinar pescado, uno de los alimentos más sanos, sin desatar la ira de nadie, excepto de tu familia en casa.

ORGANIZA AVENTURAS BREVES

Si los martes y los sábados los pasas exactamente en el mismo lugar, los días pueden empezar a sentirse iguales también. Esto es muy desafortunado porque la vida es más emocionante cuando los días no pasan desapercibidos. Una rutina diaria te permite administrar tu energía, pero hacer cada día por lo menos una actividad para cambiarla forzará a tu cerebro a prestar atención. De hecho, así es como hacemos que hoy sea distinto a los otros días. La novedad hace que la vida sea más memorable. Como la densidad de nuestros recuerdos afecta nuestra percepción de cuánto tiempo ha pasado (lo cual explica por qué el primer día de vacaciones en un lugar exótico se siente demasiado largo), las aventuras pueden extender la experiencia del tiempo.

Así que proponte hacer por lo menos una breve aventura cada día. Hay muchas posibilidades. Y si durante la etapa del distanciamiento social ya era posible, ahora que la vida reinicie en el exterior lo será aún más. En lugar de caminar por la misma acera de costumbre, ve a correr a un sendero. Trata de programar un picnic para el desayuno. Organiza con tu familia una actividad tipo búsqueda del tesoro. Ponte de acuerdo con un amigo o amiga para cocinar la misma receta para la cena y hagan esa noche una videollamada para comparar sus resultados. Reúnete con un amigo y hagan juntos una visita de 20 minutos a un museo cercano. Cada uno elija una obra de arte y dividan el tiempo para que puedan apreciar ambas. Si los museos están cerrados, reúnanse para apreciar una escultura o fuente exterior.

Planear estas aventuras puede resultar difícil si improvisas porque la bandeja de tu correo electrónico siempre estará llamándote, así que, cuando estés diseñando tus semanas, organiza una lluvia de ideas para preparar varias microaventuras. Incluye una en tu lista diaria de pendientes, y si el día del picnic para el desayuno amanece frío y lloviendo, sólo elige otra actividad. Cada vez que nos preguntamos: "¿Adónde se fue el tiempo?", lo que en realidad estamos diciendo es que no recordamos qué hicimos con él. Pero si vuelves memorable cada uno de tus días, no tendrás este problema.

ACEPTA CON GUSTO LA INTEGRACIÓN
DE TU VIDA PERSONAL Y EL TRABAJO

A diferencia de mucha gente, yo no empecé a trabajar desde casa porque haya querido equilibrar mi vida personal con mi vida laboral. Yo era profesional independiente o *freelancer*, y no podía darme el lujo de trabajar desde ningún otro lugar que no fuera mi diminuto departamento en la planta baja de un edificio. Sin embargo, conforme mi familia ha ido creciendo a lo largo de los años, el aspecto personal se ha vuelto más importante. Me agrada recibir y saludar a mis niños cuando bajan del autobús escolar y he podido amamantar a mis bebés durante la jornada laboral, lo cual es infinitamente más agradable que estar atada a un sacaleches. Voy a los eventos escolares durante el día, pero para que eso sea posible tengo que trabajar muy temprano por la mañana o cuando mis hijos ya se fueron a dormir, los fines de semana, en vacaciones y en otros momentos similares. Para mí, la integración vida/trabajo ha implicado moverme entre estas dos facetas dependiendo de mis necesidades. Pero como trabajar desde casa permite que la transición sea sutil, puedo ir y venir cuando guste.

Cuando trabajas a distancia puedes reproducir muchos aspectos de tu oficina, y los horarios no son la excepción. Algunas personas sugieren mantener la vida del hogar y la vida laboral completamente separadas, y no permitir que se traslapen. Sin embargo, hay personalidades distintas. En efecto, a las personas que les gusta compartimentar les va mejor con los lineamientos estrictos, pero yo retaría a todos a experimentar. He descubierto que si permites que las fronteras entre la vida personal y la profesional sean más porosas, puedes disfrutar bastante porque así aprovechas mejor las 168 horas semanales que tienes disponibles para ambas facetas.

Para empezar, es muy agradable que tus hijos descubran qué haces para ganarte la vida. El Día de llevar a tu hijo al trabajo resuelve este misterio, pero no es la única vía. Elisabeth Frost dice:

> Mi esposo y yo no tememos que nuestros hijos nos vean trabajar, ni decirles, cuando es necesario, que estamos enfocados en algo importante. Les explicamos con claridad que mamá y papá trabajamos para proveerle lo necesario a nuestra familia. Pasamos una tremenda cantidad de tiempo con ellos, pero también tenemos un empleo y queremos que sepan cómo son las cosas. Esto significa que tal vez tenga que negarme a contar un segundo cuento antes de dormir porque tengo una llamada telefónica pendiente, pero también podría significar que puedo destinar tiempo para una caminata con ellos después de comer el miércoles.

Si diriges tu propia empresa, puedes emplear a tus hijos preadolescentes y adolescentes como asistentes ocasionales para que lleven algún paquete a la oficina de correo o para que hagan un recuento de los gastos, por ejemplo. Ahora, mi hijo mayor es, por mucho, mi bloguer preferido en lauravanderkam.com. Publica opiniones sobre películas, listas de las mejores atracciones en los parques de diversiones, y otro tipo de contenidos que yo no podría generar.

En segundo lugar, la integración entre vida personal y profesional te permite tener horarios que parecen generar tiempo. Por ejemplo, un día saturado de ocupaciones podrías, de todas formas, correr una cantidad razonable de kilómetros si te pones tu ropa de ejercicio entre llamadas y sales a correr 25 minutos en una pausa de media hora, y si más tarde vuelves a salir para correr 25 minutos más. Al analizar los horarios de la gente, he notado que estas pausas de media hora se usan sobre todo para limpiar la bandeja de entrada del correo electrónico, la cual es una actividad inútil porque siempre llegan más correos a ocupar ese espacio. Mejor aprovecha ese tiempo para alternar entre algunas de tus prioridades personales. La integración de tu vida personal y profesional puede incluso beneficiar a alguien más. Un día bonito, por ejemplo, puedes salir temprano y sentarte en una mesa en la terraza de algún bar o restaurante popular. Ordena una bebida para poder ocupar el lugar e invierte media hora en contestar esos inoportunos correos electrónicos si quieres, pero luego prepárate para recibir a las 5:00 p.m. a los amigos que invitaste a reunirse contigo en el bar, junto con los otros compañeros de la oficina.

Cuando el trabajo y el hogar se mezclan, también puedes aprovechar algunos momentos para fortalecer tus relaciones personales. Esto permite que el tiempo sea más profundo y significativo. Si no lo haces con cuidado, tendrás que luchar contra distracciones constantes, pero si planeas con atención, puedes atender algunos pendientes que no exijan mucha concentración mientras uno de tus hijos hace la tarea a tu lado, puedes acariciar a tu mascota mientras editas un documento, o aprovechar que los niños están en la escuela y disfrutar de una pausa personal para un almuerzo con tu cónyuge, quien *también* trabaja desde casa.

¡Éste es uno más de los beneficios de realizar home office!

Notas

INTRODUCCIÓN

De acuerdo con un estudio realizado por FlexJobs y Global Workplace Analytics: Brie Weiler Reynolds, "159% Increase in Remote Work Since 2005: FlexJobs & Global Workplace Analytics Report", 29 de julio de 2019, disponible en <<www.flexjobs.com/blog/post/flexjobs-gwa-report-remote-growth>>.

Según encuestas de Gallup, para entre el 13 y 15 de marzo de 2020 sólo 31% de los trabajadores estadounidenses había laborado a distancia: Megan Brenan, "U.S. Workers Discovering Affinity for Remote Work", Gallup, 3 de abril de 2020, disponible en <<https://news,gallup.com/poll/306695/workers-discovering-affinity-remote-work.aspx>>.

En abril, Gallup descubrió que 59% de las personas que trabajaron desde casa durante la pandemia quería seguir haciéndolo. Brenan, "U.S. Workers Discovering Affinity for Remote Work".

CAPÍTULO 1: ORGANIZA CON BASE EN LAS TAREAS, NO EN EL TIEMPO

En una encuesta de Gallup de enero de 2020 sobre el trabajo a distancia: Adam Hickman, Ph.D., y Jennifer Robison, "Is Working Remotely Effective? Gallup Research Says yes", Gallup, 24 de enero de 2020, disponible en <<www.gallup.com/workplace/283985/working-remotely-effective-gallup-research-says-yes.aspx>>.

En su artículo para *Harvard Business Review*, **los investigadores Teresa Amabile y Steven J. Kramer escribieron:** Teresa Amabile y Steven J. Kramer, "The Power of Small Wins", *Harvard Business Review*, mayo de 2011, disponible en <<https://hbr.org/2011/05/the-power-of-small-wins>>.

CAPÍTULO 2: ENCUENTRA EL RITMO CORRECTO

Las investigaciones que se han realizado respecto a los niveles de energía que reportan los empleados: Janeta Nikolovski y Jack Groppel, "The Power of an Energy Microbust", Libro Blanco, enero de 2013, disponible en <<www.researchgate.net/publication/280683168_The_Power_of_an_energy_microbust>>.

... por eso en la encuesta anual de 2019 realizada por FlexJobs: Brie Weiler Reynolds, "FlexJobs 2019 Annual Survey: Flexible Work Plays Big Role in Job Choices", FlexJobs, 13 de agosto de 2019, disponible en <<https://www.flexjobs.com/blog/post/survey-flexible-work-job-choices/>>.

CAPÍTULO 3: FORMA TU EQUIPO

En su libro *Face to Face*: Brian Grazer, *Face to Face: the Art of Human Connection*, Simon & Schuster, Nueva York, 2019.

CAPÍTULO 4: PIENSA EN GRANDE

En su libro *Stand Out*, mi amiga Dorie Clark explica: Dorie Clark, *Stand Out: How to Find Your Breakthrough Idea and Build a Following Around It*, Portfolio/Penguin, Nueva York, 2015, p. 7.

FlexJobs calculó que estos gastos podrían ascender a 4 000 dólares al año en promedio: Brie Weiler Reynolds, "6 Ways Working Remotely Will Save You $4,000 Annually, or More", 9 de enero de 2018, disponible en <<www.flexjobs.com/blog/post/6-ways-working-remotely-will-save-you-money>>.

CAPÍTULO 5: OPTIMIZA EL BIENESTAR

Gracias a una encuesta realizada por TINYPulse: "What Leaders Need to Know about Remote Workers: Surprising Differences in Workplace Happiness & Relationships", TINYPuse, 2016, disponible en <<https://cdn2.hubspot.net/hubfs/443262/pdf/TINYpulse_What_Leaders_Need_to_Know_About_Remote_Workers.pdf>>.

En una encuesta de *Airtasker* realizada entre 1 004 empleados de tiempo completo: "The Benefits of Working From Home", blog

Airtasker, 31 de marzo de 2020, disponible en <<www.airtasker.com/blog/the-benefits-of-working-from-home>>.

En un estudio realizado entre empleados de IBM: "Telecommuters with Flextime Stay Balanced up to 19 Hours Longer", BYU University Communications, Brigham Young University, 31 de mayo de 2010, disponible en <<https://news.byu.edu/news/telecommuters-flex time-stay-balanced-19-hours-longer>>.

Acerca de la autora

Laura Vanderkam es una reconocida escritora estadounidense que cuestiona el *status quo* y ayuda a sus lectores a redescubrir su verdadera pasión y sus creencias, para alcanzar una vida más significativa. Es autora de *168 Hours*, *Qué hace la gente exitosa antes del desayuno*, *Qué hace la gente exitosa con su tiempo libre*, *La escuela de posibilidades de Juliet*, entre otros. Sus publicaciones han aparecido en medios como *The Wall Street Journal*, *City Journal*, *Scientific American*, *Reader's Digest*, *Prevention* y Fortune.com. Ha asistido a numerosos programas de radio y televisión, incluyendo *The Today Show* y *Fox & Friends*. Es anfitriona de los podcasts *The New Corner Office* y *Before Breakfast*, y coanfitriona, con Sarah Hart-Unger, del podcast *Best of Both Worlds*.

www.lauravanderkam.com

Cómo hace home office la gente exitosa de Laura Vanderkam
se terminó de imprimir en noviembre de 2020
en los talleres de
Litográfica Ingramex, S.A. de C.V.,
Centeno 162-1, Col. Granjas Esmeralda, C.P. 09810,
Ciudad de México.